JOURNAL HISTORIQUE

DE

PIERRE DE JARRIGE

(1560-1591)

Tirage à 200 exemplaires

Angoulême, Imprimerie Charentaise de A. Nadaud et Cie,
rempart Desaix, 26.

JOURNAL HISTORIQUE

DE

PIERRE DE JARRIGE

VIGUIER DE LA VILLE DE SAINT-YRIEIX

(1560-1574)

CONTINUÉ PAR

PARDOUX DE JARRIGE

SON FILS

(1574-1591)

Annoté et publié aux frais et par les soins de leur arrière-petit-neveu

H. B. DE MONTEGUT

A ANGOULÊME

CHEZ F. GOUMARD

Libraire de la Société archéologique et historique de la Charente

RUE DU MARCHÉ, N° 9

M DCCC LXVIII

CE livre est un pieux hommage aux souvenirs du passé. En notre temps de matérialisme, qui ne se sentirait ému à la lecture de ces pages si simples, si modestes et si vraies, écrites par un père pour ses enfants, continuées par l'un d'eux, publiées, après trois siècles d'oubli, par son arrière-neveu? Ce devoir en quelque sorte filial ne se fût pas imposé à notre cœur, que nous l'eussions encore entrepris dans un double but : l'intérêt de l'histoire en général, celui de l'économie politique en particulier. Nos provinces du centre de la France attendent encore leur historien. Ce travail ne deviendra possible qu'après la publication des documents manuscrits enfouis au fond de nos archives communales, hospitalières et privées. Le jour où, comme nous, chacun aura apporté sa pierre à cet immense édifice, l'on pourra dire que l'architecte seul manque pour en coordonner toutes les parties. En un mot, ce que furent jadis les mémoires sur l'histoire de France qui ont rendu tant de services à nos modernes historiens, les publications du genre de celle-ci le seront, à l'avenir, pour le futur chroniqueur de nos vieilles provinces.

L'économie politique, cette science née d'hier, et qui cependant, en quelques bonds, est parvenue de nos jours à *jouer un rôle si prépondérant, trouvera également à faire son profit de nombreux et importants documents sur les prix de toutes les denrées au XVIe siècle.*

Dans un intervalle de près de trente ans, et souvent plusieurs fois par an, notre bon Viguier et après lui son fils ont soin de donner exactement le cours des objets de consommation indispensables à la vie, n'omettant rien, cherchant à expliquer tout, et flétrissant au besoin « les usuriers « qui cuidant vendre davantaige leurs grains, les ont gardé « dans leur grenier. »

Depuis le blé jusqu'aux châtaignes, depuis le vin jusqu'à l'huile, tout est noté avec soin. Parfois même les prix du foin, du fer, même de la charretée de bois châtaignier et de bois chêne, sont énoncés.

Nous avons cru devoir accompagner chacun de ces prix d'une note explicative donnant au taux actuel de l'argent la valeur réelle de ces objets. Si l'on trouve de l'exagération dans nos évaluations, que l'on n'en accuse que le savant livre de Leber, qui nous a servi de base pour nos calculs.

Avoir la prétention de ne rien omettre dans un travail de cette nature serait bien présomptueux. Non-seulement des omissions, mais de nombreuses erreurs ont dû se glisser dans les trois cent et quelques notes mises au bas de ces pages. Notre éloignement des lieux, l'époque reculée à laquelle remontent les événements, certains usages locaux dont l'explication pouvait être trouvée à Saint-Yrieix seulement, voilà notre excuse.

Il ne nous reste plus qu'à remercier M. Labrouhe de La Borderie de l'obligeance parfaite qu'il a mise à nous communiquer le manuscrit original; ce n'est pas, du reste, la première fois qu'il le fait. Tous les amateurs d'études historiques doivent lui savoir gré d'avoir, il y a plus de trente ans, mis le même manuscrit à la disposition de MM. Leymarie et Bosvieux (1), qui en ont largement profité, l'un pour son Limousin historique, l'autre pour le Bulletin de la Société archéologique de la Haute-Vienne.

Château de Vaunac, août 1868.

(1) Nous devons également nos remerciements à M. Bosvieux, ancien archiviste de la Corrèze et du Lot-et-Garonne, actuellement juge à Wissembourg, futur historien de Saint-Yrieix, qui nous a fourni plusieurs renseignements précieux.

NOTICE

SUR

PIERRE ET PARDOUX DE JARRIGE

Pierre de Jarrige naquit à Saint-Yrieix, en Limousin, le 1er mars 1529, du mariage de Jean et de Marie Bardon-de-Brun, de la ville de Ségur. Il perdit son père encore jeune et paraît avoir été l'objet d'une prédilection toute particulière de la part de sa mère. Il fut élevé par elle, en ce XVIe siècle, si plein de doute et de défaillances, dans les principes les plus purs et les plus élevés de la religion catholique, et se ressentit toujours des bienfaits de cette éducation maternelle. Quand il eut grandi en âge, il fut envoyé à Poitiers, suivant l'usage du temps, afin d'y faire ses études de droit. Il s'y trouvait en même temps que son cousin germain Antoine Bardon, qui, comme lui, entra dans la magistrature et devint avocat du roi au siége présidial de Limoges. (C'est le père du bienheureux Bernard Bardon-de-Brun, dont on attend encore la canonisation.)

En 1559, il contracta mariage avec Françoise du Breuilh, dont la mère, Marie de Mallevergne, était d'une famille originaire de Saint-Yrieix. Quelques années après, en janvier 1563, il fut nommé par le chapitre de Saint-Yrieix juge viguier du commun paréage de la cour royale de cette ville, fonction très importante qui résumait dans la personne d'un seul magistrat la plus grande partie des attributions civiles et criminelles de nos tribunaux de première instance. — Au mois de février suivant, P. de Jarrige vit sa nomination confirmée par le pouvoir royal, ou plutôt il fut de nouveau nommé par le roi, car la justice, depuis 1302, était rendue au nom du roi et du chapitre, qui avaient également droit de nomination, aux termes de l'accord intervenu et moyennant lequel Philippe-le-Bel promettait sa protection aux religieux contre des voisins puissants et oppresseurs.

A partir de cette époque, nous voyons P. de Jarrige se consacrer exclusivement aux soins de sa charge, s'efforcer de rendre justice à tous avec égalité, se tenir au courant des nombreuses variations du prix de toutes les denrées. Plusieurs fois par année, il annote avec soin les cours des céréales, et l'on comprend de quelle importance étaient ces renseignements pour le magistrat chargé de statuer journellement sur des contestations relatives au règlement de redevances, presque toujours payables en nature; les mercuriales de nos marchés donnent à peine une idée de l'importance que l'on attachait alors à connaître exactement les variations du prix des denrées. — Aussi, pendant ses onze années de magistrature, P. de Jarrige nous fournit-il des éléments précieux de comparaison des prix du XVIe siècle avec ceux du XIXe.

Plusieurs fois P. de Jarrige fut à la cour et à Paris : la première, afin d'obtenir sa nomination du roi; la seconde, dans l'intérêt du chapitre, qui voulait racheter ses biens aliénés, afin de fournir des subsides au roi contre les protestants. — Il paraît même, dans ce dernier voyage, avoir contracté les germes de la maladie qui, d'après ses propres pressentiments, devait amener sa fin prématurée.

A partir de l'année 1568, les événements se pressent sous la plume de notre Viguier : ce n'est plus, à proprement parler, un journal qu'il rédige, ce sont de véritables annales. Il ne se livre pas une bataille importante, pas un siége, sans qu'il en soit exactement tenu compte. Le magistrat, selon une critique plus spirituelle que vraie, « *ne traite pas l'histoire comme ses procès-verbaux;* » que l'on compare les écrivains contemporains de P. de Jarrige ; que l'on prenne, par exemple, le récit de la bataille de Jarnac : si l'on est étonné d'une chose, c'est de son style clair et concis, alors qu'ils le sont si peu ; c'est de l'authenticité de ses renseignements, alors qu'eux-mêmes sont si souvent erronés.

Tantôt c'est le siége d'un château, et l'on reconnaît à l'accent indigné de l'honnête homme que c'est bien plutôt dans un but de pillage que dans l'intérêt de la monarchie défaillante que les royalistes l'ont entrepris (voir siége du château de Vilhac, p. 32) ; tantôt c'est le récit d'une escarmouche où le baron de Pierre-Buffière, croyant surprendre le sénéchal de Périgord, André de Bourdeille, est lui-même surpris et trouve la mort.

D'autres fois, enfin, il ne craint pas de flétrir dans les termes les plus énergiques la lâche conduite de François des Cars, gouverneur de Limousin, qui, au lieu d'attendre de pied ferme le duc des Deux-Ponts, s'en va avec ses « *femme et famille,* » abriter sa frayeur et sa honte au fond d'un château du bas Limousin ; « *lieu assez propre,* ajoute notre bon Viguier, *pour ceux qui ne désiraient estre vus parmi les gens d'honneur et de vertu.* »

Les excès ne trouvent nulle grâce à ses yeux, qu'ils viennent des catholiques, qu'ils viennent des protestants.

S'agit-il de deux compagnies appartenant au parti royal, en garnison à Saint-Yrieix, et qui pendant leur séjour ne font rien qui soit digne d'*estre escrit*, voici la réflexion de notre chroniqueur : « *Sinon manger la poule sur le bon homme et vivre à discrétion sans payer nulle chose.* »

S'agit-il, au contraire, des Réformés qui se préparent à une nouvelle guerre civile :

« Ils vont jusque dans les Allemaignes pescher des secours étrangers. »

Voulons-nous voir, toucher de près toute l'horreur de ces guerres civiles? A la prise de Saint-Yrieix, le 11 juin 1569, les protestants saccagent, pillent toutes les églises; sur cinq, ils en renversent complétement quatre, et *« les ecclésiastiques qu'ils rencontraient, les meurdrissaient des morts les plus estrangés que oncques on ouit parler. »*

Le premier magistrat de la cité, surpris dans son sommeil, peut à grand'peine s'échapper à peine vêtu et en chemise. Quelque temps après, au moment de rentrer dans la ville, il est fait prisonnier et obligé de payer, sous peine de la vie, 500 livres de rançon (plus de 5,000 fr. de notre monnaie).

Si, après avoir essayé de juger Pierre de Jarrige comme annaliste, comme chroniqueur, nous l'examinons comme homme, comme père, qui ne se sentirait ému au récit de la mort d'un de ses enfants :

« Et demeura agonisant presque deux jours et deux nuits. Dieu me veuille préserver les aultres! Toutesfois en tout la volonté d'ycelluy soict faicte! »

Il prend le parti d'envoyer son fils Pardoux à Bordeaux, à peine âgé de neuf ans, *« pour estudier ez lettres humaines. Je prie le Seigneur lui faire cette grace qu'il puisse avoir la connaissance d'ycelles, pour et afin que quelque jour il puisse parvenir au rang et degré des gens vertueux, et à moi le moyen de l'y pouvoir entretenir pour en voir telle issue à l'honneur et gloire de mon Dieu et au repos et contentement de mon esprit et du peuple. »*

Trois ans plus tard, il l'envoie à Poitiers continuer ses études, et telle était sa sollicitude paternelle qu'il le fait accompagner d'un précepteur, chose à peine usitée en ce temps-là par les plus grands seigneurs!

Cette éducation qu'il s'efforçait de rendre accomplie, *« ce rang et degré des gens vertueux, »* où il voulait le voir parvenir *« au repos et contentement du peuple, »* indiquent clairement chez Pierre de Jarrige le désir, du reste bien légitime, de se voir un jour remplacé par son fils.

Malheureusement, tous ces projets d'avenir allaient être déjoués par l'impitoyable mort. — Le 8 mai 1573, il perd sa mère, « *laquelle, pendant tout le temps qu'elle avait vescu en ce misérable monde, n'était demeurée une heure en oisiveté, aimant et servant Dieu et pratiquant entr'autres vertus la charité!* »

Il ne devait pas survivre longtemps à celle qui l'avait si tendrement aimé. Moins d'une année après, en février 1574, il cesse d'écrire, et la fin de son manuscrit nous apprend le commencement de son mal. Pendant plusieurs jours, il se fit illusion sur la gravité de son état, car il ne songea à prendre ses dernières dispositions que l'avant-veille de sa mort, comme nous l'apprendra plus tard une annotation de son fils; le 25 mars 1574, il rendait son âme à Dieu, entre les bras de son épouse éplorée.

Pendant onze années, P. de Jarrige avait rempli la charge de Viguier. Depuis quatorze ans, il mentionnait dans son journal les principaux événements de son temps. Il avait traversé quatre grandes guerres civiles suivies de paix éphémères, raconté six batailles rangées où le sang français avait coulé à flots. Et cependant l'avenir en réservait bien davantage à son fils. Les fureurs de la Liguo allaient succéder aux horreurs de la Saint-Barthélemy, le règne d'Henri III à celui de Charles IX, c'est-à-dire seize années des plus désastreuses de notre histoire. Voyons comment son fils va nous les raconter.

Pardoux de Jarrige naquit comme son père à Saint-Yrieix (26 janvier 1561). Il n'avait que treize ans à sa mort, et ses études tant « *ez lettres grecques que latines* » furent forcément interrompues. A l'âge de dix-huit ans, il perdait sa mère, Françoise du Breuilh. Désormais doublement orphelin et privé de famille, Pardoux, après avoir été élevé dans le milieu que nous connaissons, ne devait pas tarder à chercher à s'en créer une nouvelle. C'est ce qu'il fit en épousant, à peine âgé de vingt et un ans, Françoise du Garreau, issue d'une des plus anciennes familles du pays et alliée à la plus noble entre toutes, celle de La Foucaudie; aussi Pardoux, qui entre autres vertus ne paraît pas avoir hérité de la modestie de son père, a bien soin de mentionner parmi les témoins de ses fiançailles, au premier rang, « *noble homme Jacques de La Foucaudie,* » oncle de sa future, puis tous les magistrats composant la cour royale du commun paréage de Saint-Yrieix, notamment son oncle, le Viguier Pierre de Mallevergne; la famille proprement dite est reléguée à la fin. C'est en quelque sorte contraint et forcé que Pardoux mentionne la présence de ses oncles et cousins germains, notamment Pierre de Jarrige, pour lequel il ne paraît jamais avoir eu une bien vive affection.

Un long temps s'écoula avant de continuer le journal de son père; sa jeunesse, son inexpérience, nous sommes bien obligé de le reconnaître, sa nature un peu envieuse, jalouse et parfois trop portée à la raillerie, devaient, dans une ville travaillée par toutes sortes de passions; dans ces temps si troublés du XVIe siècle, lui attirer de nombreuses inimitiés. Ses notes fort incomplètes, comprenant les années 1582 et suivantes, jusqu'en 1589, nous traduisent assez bien ces divers sentiments. Il ne ménage ni les ligueurs, ni les royalistes, ni les protestants, pas même les siens. S'agit-il de nous rendre compte de la mort d'un de ses oncles, Antoine de Jarrige, chanoine du chapitre, mort subitement après l'avoir déshérité? C'est d'une plume peu charitable qu'il raconte la fin de cet homme d'église, propre frère de son père, qu'il eût dû respecter à ce double titre, décédé tout à coup après avoir soupé « *joyeusement,* » faisant son héritier son oncle Marquet Lafon. « *Dieu veuille avoir merci de ses fautes.* » Voilà toute l'oraison funèbre du très peu respectueux mais irascible neveu! Il ne devait pas s'en tenir là; il saura trouver le moyen d'énumérer plus tard, parmi les traîtres de leur patrie livrant la ville de Saint-Yrieix aux ligueurs, les fils de ce même Marquet, cependant ses cousins germains.

S'il veut nous faire juger à quel degré d'avilissement était tombé en ces tristes temps le noble et antique chapitre de Saint-Yrieix, dans lequel autrefois les plus anciennes familles du Limousin s'honoraient de faire recevoir leurs enfants, voici en quels termes saisissants, qui ne seraient pas reniés plus tard par notre immortel Saint-Simon, il rend compte de la réception d'un chanoine, Yrieix Mazeau, « *lequel, peu de mois auparavant, avait esté resceu chanoisne et chantre du chapitre du Moustier Saint-Yriez, le père duquel avoit esté boucher, lui mesme aussi boucher, puis notaire, et après marchand, et maintenant chanoisne, chantre et prestre!* »

Et si l'on veut apprécier les progrès du protestantisme à cette époque dans une ville comme Saint-Yrieix, soumise au pouvoir temporel de religieux riches et puissants, le 23 avril 1586, le même Yrieix Mazeau « *chante messe sans aucune cérémonie mais presque à cachette.* »

Peut-on en moins de mots exprimer plus de choses?

Plus tard, comme pour Marquet Lafon, Pardoux nous fait bien connaître qu'il n'oublie pas; il mentionne parmi les traîtres ayant livré la ville aux ligueurs le fils de ce même Yrieix Mazeau, qui, non content d'avoir été boucher, notaire, marchand, chanoisne, chantre et prestre, avait été encore marié et père même d'une assez nombreuse postérité qui doit encore habiter à Saint-Yrieix ou aux environs.

Tellement en ces temps bouleversés toutes les règles, toutes les traditions étaient abandonnées, foulées aux pieds! C'est qu'aussi les assassinats commis sur les hommes d'église étaient en quelque sorte à l'ordre du jour : en 1569, nous avons vu « *de quelles morts les plus estranges* » on les faisait périr (voir p. 55); en 1587, en plein jour, devant sa porte, Nicolas Operari, chanoine théologal du chapitre, était assassiné; et telle était la terreur inspirée par les meurtriers, probablement huguenots, que personne n'osa les dénoncer!

En présence de tels crimes, restés le plus souvent impunis, l'on s'explique mieux la nomination d'Yrieix Mazeau, et l'on comprend qu'il était préférable d'aller aux armées et se faire homme d'épée qu'homme d'église.

Mais où Pardoux de Jarrige nous montre le mieux son naturel jaloux, c'est en nous révélant un curieux détail de toilette qui a bien son prix : Catherine de Chouly, femme de Pierre de Jarrige, son cousin germain, prend tout à coup le chaperon de velours (1585), *« chose qui ne fust esté trouvée si fort estrange, si lorsqu'elle l'épousa* (29 septembre 1581) *elle l'eust pris, ou si elle eust attendu qu'elle eust eu du mesnaige* (enfants) *ou si son mari eust eu quelque estat. »*

Ces quelques mots nous indiquent toute une révolution dans le costume de la bourgeoisie au XVIe siècle. L'on sait, en effet, combien nos pères furent sévères pour tous les ornements de toilette (1). La simplicité primitive des costumes se maintint longtemps en Limousin. — Mais en temps de révolution tout se modifie. — Une riche bourgeoise mariée, pourvu qu'elle ait des enfants, pouvait prendre ce fameux chaperon de velours si envié, sans éveiller la susceptibilité de personne, ou si son mari était revêtu d'une charge probablement assez importante ; du moins c'est ainsi que nous interprétons ces mots : *« Eust eu quelque estat. »*

Du reste, Pardoux, nous l'avons dit plus haut, paraît n'avoir

---

(1) Qu'on en juge par l'ordonnance suivante du Parlement de Bordeaux, en date du 6 février 1571. (Saint-Yrieix en relevait. Le Parlement, qui se mêlait un peu de tout, même des choses qui n'étaient pas de son ressort, interdit aux femmes des marchands, ainsi qu'à celles des huissiers et procureurs, « *de porter chaperons de velours, robes de soye ni cotillons,* » non plus que « *de grandes fraises à leur collet de plus de quatre doigts de hauteur ;* » de coiffer leurs enfants « *de chaperons en velours, satin, damas ou taffetas,* » ni de mettre à leurs vêtements « *des passementeries d'argent ou d'or,* » toutes choses réservées « *aux femmes des officiers du roy et advocats de la cour.* »

(Archives de l'hôtel de ville de Bordeaux. — Note de M. Gaullieur, archiviste.)

jamais eu pour son proche parent une très vive affection. Cependant ils avaient ensemble plus d'un point de ressemblance. Tous deux à peu près du même âge, ils s'étaient mariés à la même époque; leurs femmes appartenaient à deux des plus anciennes familles de Saint-Yrieix, fréquemment alliées entre elles (1); peu favorables aux idées de la Ligue, ils sont dévoués au pouvoir royal; enfin ils paraissent, dans ce sens, avoir joué un rôle considérable dans leur ville natale.

Cependant, dans son récit, Pardoux passe complétement sous silence la tentative de son cousin, du 9 mars 1589, pour mettre Saint-Yrieix sous le pouvoir royal. Était-il jaloux du rôle tout prépondérant pris par Pierre de Jarrige et son beau-père, Yrieix de Chouly? Tout nous le fait supposer : non-seulement la note peu obligeante relative à Catherine de Chouly, mais encore le silence qu'il a gardé sur cet événement important. Raconter avec les plus grands détails la surprise de Saint-Yrieix par le ligueur Rastignac, le 15 mars 1589, et omettre l'acte courageux accompli par son cousin six jours auparavant, indique de sa part une grande inexactitude, fort peu de bienveillance, sinon même de la mauvaise foi.

Du reste, autre contradiction qui tendrait à établir la versatilité des opinions de notre auteur : il critique, blâme et flétrit « les *traitres à leur patrie,* » qui ouvrent les portes de la ville au seigneur de Rastignac; il mentionne leurs noms avec soin; l'on dirait qu'il veut les attacher au pilori de l'histoire, et, à ce moment, il y avait un certain courage à le faire.

L'on doit en conclure qu'il ne partage nullement les opinions des ligueurs, et qu'il appartient au parti royaliste. Et cependant, lorsque le gouverneur du Limousin, Gilbert de Levis, comte de La Voulte, vient mettre le siége devant Saint-Yrieix, afin d'en déloger Rastignac, « *lors craignant ledict sieur*

---

(1) Les Chouly et les du Garreau ont contracté ensemble plusieurs alliances.

de la Voulte, » il prend immédiatement la fuite. Les ligueurs ne s'y trompèrent pas ; ils jugèrent à leur tour un traître, celui qui les abandonnait ainsi ; ils pillèrent sa maison de fond en comble, et les plus acharnés, Pardoux le constate avec douleur, ne furent pas les soldats de Rastignac, ce furent « *principalement les habitants,* » qui n'y laissèrent rien.

Pendant près d'une année que dura l'occupation de Saint-Yrieix, Pardoux resta caché chez l'oncle de sa femme, Jacques de La Foucaudie. Il ne rentra dans la ville qu'après le départ de Rastignac, auquel les habitants furent contraints de payer une rançon de 4,000 livres.

Si, dans ces mémorables circonstances, Pardoux de Jarrige nous donne une médiocre idée de sa manière de se conduire, ne pourrait-on aussi, dans un autre sens, juger dignes d'éloges ce qui, au premier abord, paraît une contradiction.

Le Limousin, à cette époque, donna un rare exemple de modération et de fidélité. Partagé entre ses sentiments de foi profonde à la religion de ses pères et de fidélité à ses souverains légitimes, il sut se préserver des excès qui désolèrent tant d'autres provinces. La bourgeoisie, dans les villes (1), s'administrant et se gouvernant elle-même, voulait se préserver seule, sans l'appui, plus souvent nuisible qu'utile, des troupes royales. De là ces fréquentes tentatives de surprises de villes gardées par elles-mêmes. L'on n'avait recours à l'autorité royale qu'à toute extrémité. Alors un courrier, dépêché par les habitants, partait pour Limoges, et le gouverneur, toujours miséricordieux, oubliant que la même ville, peu de jours auparavant, avait refusé de recevoir ses troupes en garnison, s'empressait cependant d'en envoyer à son secours.

Dans ces circonstances, il n'y aurait plus rien de contradic-

(1) Presque toutes les villes du Limousin, par leurs Consuls, se gouvernaient, s'administraient elles-mêmes. (Voir page 40 du journal, la résistance de Saint-Junien à recevoir la garnison que le comte des Cars voulait y mettre.)

toire dans la conduite de Pardoux de Jarrige. Dévoué à la fois à son Dieu et à son roi, ne voulant subir la domination de personne et prétendant pouvoir se garder par ses propres forces, il représentait cette bourgeoisie indépendante et fière, qui sera plus tard le Tiers-État, mais qui, avant d'être abattue par le despotisme écrasant de Louis XIV, contribuera pour sa très grande part à sauver la monarchie d'Henri IV et assurera son élévation au trône.

Sa conduite si loyale, dans cette hypothèse que nous croyons la seule possible, la seule vraie, aurait été alors bien mal récompensée. Il serait un témoignage de plus qu'en temps de révolutions les meilleurs citoyens, ceux qui veulent préserver leur pays des excès de tous les partis, tombent les premiers victimes de leurs fureurs, car leur modération et leur sagesse ne peuvent satisfaire ni les uns ni les autres et leur attirent la haine de tous.

Après avoir examiné scrupuleusement et à divers points de vue le caractère de notre auteur, il ne nous reste plus qu'à parcourir très brièvement son long et intéressant récit du dernier siége qu'eut à soutenir Saint-Yrieix, en 1591, contre les ligueurs, siége qui ne dura pas moins de dix-huit jours, où plus de cent coups de canon furent tirés, de nombreuses brèches ouvertes aux remparts, plusieurs assauts repoussés.

Les mêmes habitants qui, une première fois, avaient trahi leurs concitoyens, se trouvent encore parmi les ligueurs commandés par Pompadour et Rastignac, mais à « *leur grande honte* » ils furent obligés de lever le siége.

> Ce que l'homme propose en son entendement,
> L'Eternel le dispose en soi tout autrement.

C'est sur ce verset biblique, que l'on croirait extrait d'un prêche huguenot, que finit le manuscrit de Pardoux de Jarrige.

Le livre ne devait pas s'arrêter là, mais la main peu scrupuleuse de quelque descendant a fait disparaître un assez grand nombre de feuillets dont on voit encore les traces au manuscrit original.

Que devint Pardoux de Jarrige ? Il parvint à un âge avancé, plus heureux en cela que son père et son aïeul, tous deux morts jeunes, car en 1636, ayant plus de soixante-quinze ans, il mentionne la mort de sa femme par une note marginale à côté de son mariage. Il dut renoncer à tout espoir d'occuper cette charge de Viguier que son père voulait lui réserver et qu'il avait remplie avec tant d'intégrité. A Pierre de Mallevergne, son oncle, élu en 1574, avait succédé, en 1587 Mᵉ Gravier; à ce dernier, certainement avant 1601, dut succéder Pierre de Jarrige, neveu et filleul de l'un de nos auteurs. Quelques années plus tard survint la fameuse ordonnance connue sous le nom de *Paulette*, sur la vénalité des charges. Désormais devenue le patrimoine de la même famille pendant six générations successives, jusqu'à sa suppression en 1749, il put voir du moins cette fonction devenir en quelque sorte héréditaire dans la personne de ses cousins et petit-neveu (Jean II de Jarrige de La Morelie, nommé le 26 mars 1615, sur démission de son père).

Dès lors il se consacra à la culture d'une propriété, dont il prenait même le nom (voir son épitaphe, p. 87), située aux environs de Jumilhac-le-Grand. Il fit recevoir son fils Antoine de Jarrige chanoine du chapitre de Saint-Yrieix. D'accord avec lui en 1618, et de l'autorisation expresse du chapitre, il fit élever une chapelle dans l'église de Saint-Pierre, à Saint-Yrieix, afin d'en faire une sépulture de famille. Cette chapelle, surmontée de ses armes, devait avoir une certaine importance, puisque nous voyons l'abbé Legros (*Histoire des abbayes et monastères du Limousin*, déposée au grand séminaire de Limoges) lui consacrer une mention toute particulière et transcrire avec soin l'inscription qui surmontait le tombeau de Pardoux de Jarrige.

Si nous résumons maintenant l'œuvre commune de nos deux auteurs, nous rencontrons chez le père une impartialité, une bienveillance bien rarement imitées par son fils.

Tous deux cependant se rapprochent en plus d'un point, surtout dans leurs sentiments communs de patriotisme, d'horreur pour l'étranger, d'amour pour leur pays natal. Ils appartiennent à cette école d'honnêtes gens, nombreux quoi qu'on en dise, en tous temps et en tous pays, qui réagissent par une modération salutaire sur les passions déchaînées en temps de révolution et leur servent de contre-poids. Ils appartiennent à ce grand parti de la raison et de l'ordre qui, par la plume de ses principaux chefs, écrira l'admirable satire Ménippée, cette protestation du bon sens français contre les exagérations de la Ligue et le roi Catholicon d'Espagne.

Ce qui frappe surtout dans le père, c'est cette horreur de l'étranger qu'on cherche à immiscer dans nos malheureuses dissensions intestines. De là cette belle expression qui juge si sévèrement le parti protestant, qui va *« jusque dans les Allemaignes pescher des secours étrangers. »* De là cette indignation contre le gouverneur du Limousin qui, à l'arrivée de ces mêmes étrangers, s'enfuit honteusement au fond d'un vieux château du bas Limousin, *« lieu assez propre pour ceux qui ne désiraient estre veus au rang des gens d'honneur et de vertu. »*

Ces sentiments d'honneur, nous les retrouvons également sous la plume du fils, quand aux deux siéges de Saint-Yrieix, en 1589 et 1591, il mentionne les noms des traîtres à leur patrie qui ont ouvert la ville aux ligueurs; que ces traîtres appartiennent au clergé, à la magistrature, quand ils seraient en personne le Doyen du chapitre, le Viguier de la cour, et Pardoux le laisse assez comprendre, il ne les en stigmatisera pas moins des accents indignés de l'honnête homme, du vertueux citoyen.

Les historiens modernes ont fait la part trop belle aux protestants dans ces tristes luttes. Tous les torts sont du côté catholique, aucun du côté protestant; toutes les idées grandes, généreuses, de patriotisme, de progrès sont en quelque sorte l'apanage exclusif du parti de la Réforme. Il ne reste rien pour les catholiques.

L'on voit cependant par les récits de nos deux chroniqueurs, qui ne sont rien moins que huguenots, qu'il y avait aussi parmi les catholiques quelques sentiments d'honneur et de vertu.

Et maintenant que nous avons consacré à nos deux annalistes la notice particulière qu'ils ont si bien méritée, nous sera-t-il permis d'en conclure, comme nous l'avons établi en commençant, que l'histoire particulière de nos provinces ne pourra être faite d'une manière sérieuse et complète qu'après de nombreuses publications du genre de celle-ci? Pendant trois siècles, nous voyons la même famille jouer un rôle tout prépondérant à Saint-Yrieix. En combinant les archives des Jarrige avec celles des La Foucaudie, des Gentils, Chouly et du Garreau, je n'hésite pas à penser que l'on reconstruirait l'histoire tout entière de Saint-Yrieix.

Tous ces noms sont aujourd'hui éteints, à l'exception de deux. Après la mort si touchante et si sainte du dernier abbé doyen de Saint-Yrieix, Pierre de Jarrige de La Morelie (1767-1791), l'on vit encore à la tête du clergé de Saint-Yrieix pendant plus de trente ans le vénérable archiprêtre Yrieix de La Morelie des Biards, le dernier de son nom avec ses deux neveux Charles et Jean-Baptiste de La Morelie. Commencée par les dignités du clergé et les charges de magistrature, cette famille devait finir comme elle avait débuté (1). Encore aujourd'hui, ayant une partie des prérogatives des anciens Viguiers, un magistrat comme nous, leur arrière-neveu,

(1) Charles, marquis de La Morelie, préfet de l'Orne et de l'Allier, président du conseil de préfecture de la Seine (1829-1848); Jean-Baptiste de La Morelie, capitaine de frégate; MM. de La Tour et de Montégut, procureurs impériaux de Saint-Yrieix et de La Réole, tous deux fils d'une Jarrige La Morelie.

comme nous revêtu du même titre, s'efforce de continuer depuis de longues années, sur ce même siége de Saint-Yrieix, les traditions d'honneur et de vertu des aïeux.

Le nom peut être éteint; le souvenir ne l'est pas. Puissent ces quelques lignes contribuer à le maintenir à travers les âges !

PREMIÈRE PARTIE

JOURNAL HISTORIQUE

DE

PIERRE DE JARRIGE

(1560-1574)

PREMIÈRE PARTIE

JOURNAL HISTORIQUE

DE

PIERRE DE JARRIGE

(1560-1574)

Initium sapientiæ timor Domini (1).

En décembre l'an 1560 mourust le roy Françoys deux de ce nom (2), estant à Orleans, sans la mort duquel les gens de la Religion nouvelle, appellez aultrement des Eglises reformées, feussent 1560.

(1) La crainte du Seigneur est le commencement de la sagesse. (David, ps. cx.)

(2) Fils aîné d'Henri II et de Catherine de Médicis.

1560. esté grandement persecutez, et dés lors commencerent prendre force et faire prescher par ministres veneus de Genesve par tout le royaulme. Je prie le Createur saulveur de tout le monde, craignant qu'au pays n'adviennent, qu'il y pourvoye.

1561. Le vingt-cinq janvier 1561, ceulx de la Religion nouvelle fisrent la Cene à la forme de Genesve en la presente ville, et fust faicte en la maison qu'on appelle communement Gyvonnie (1), appartenant à Mre Paul Gentilz, viguier de la dicte ville, où assisterent, comme je fus adverty, troys ministres, et le dict jour mesme, apres ycelle faicte, fust repçeu ministre Yriez Gentilz (2), lequel avoist esté chanoisne en l'église de la dicte ville, curé de Sainct-Sulpyce et de Sainct-Guillaume.

Le vingt-six des dicts mois et an et le vingt-deuxiesme jour de la lune, heure de cinq heures du soir, le temps estant nebuleux (3), nasquit Pardoux de Jarrige, mon second fils et de ma femme Françoise du Breuilh, et fust baptizé le lendemain heure de une heure apres midy en nostre paroisse de Sainct-Pierre par Me Françoys Dasnier, vicaire d'ycelle, et

---

(1) Aux termes de l'édit de janvier 1561, les protestants pouvaient, dans les fiefs et maisons nobles possédés par eux en toute justice (haute, moyenne et basse), se livrer librement au nouveau culte. C'est ce qui explique la mention du lieu de Gyvonnie, fief appartenant à la noble famille de Gentils de Lajonchapt.

(2) Yrieix de Gentils, second fils de Jehan, seigneur de Lajonchapt, et de Louise de Rançonnet, successivement curé de Saint-Sulpice, en Périgord, et Saint-Guillaume, en Limousin, abbé de Saint-Maurice, reçu chanoine de Saint-Yrieix en 1537.

(3) Jusqu'au XVIIIe siècle, on attachait une grande importance aux pronostics du temps au moment de la naissance des enfants.

feurent parrain Pardoulx de Jarrige, mon frere, et 1561.
marraine Anthonye de Mallevergne, tante maternelle de ma femme.

Nota qu'en apvril qu'on comptait 1562, ceulx de 1562.
la Religion nouvelle, aultrement qu'on dict et ap- Première guerre civile.
pelle des Eglises reformées, se souleverent et prisrent les villes de Lyon, Orleans, Tours et plusieurs aultres, desquelles expulserent ceux de l'Eglise romaine, prisrent tous les tresors des églises, mirent par terre les images, aultels, tuerent ceulx qui résistaient à eulx et fisrent plusieurs aultres maulx infinis, et encore sont en voye d'en faire davantaige si Dieu par sa saincte et divine providence n'y met la main, ce que je le supplie vouloir faire et aregarder son pauvre peuple en tourment et affliction où il est, de son œil piteux (1).

Nota qu'audict an, causant le mauvais temps qui avoist regné les deux années precedentes, le bled et aultres vivres feurent fort cher, et se vendoit le septier seigle 36 sols, le septier froment 42 sols et la pinte de vin 15 et 16 deniers (2).

---

(1) Piteux, pitoyable, appliqué à quelqu'un, ne signifiait pas autrefois celui ou celle qui inspire la pitié, mais une personne susceptible de pitié, *capable de se laisser fléchir*. Jusqu'au XVIIIe siècle, cette expression fut employée dans ce sens par Mme de Sévigné dans ses *Lettres*, et J.-J. Rousseau dans sa *Nouvelle Héloïse*.

(2) Il ne faut pas prendre ces chiffres à la lettre; d'après le savant livre de Leber, 36 sols au XVIe siècle, au pouvoir actuel de l'argent, font 18 fr. environ de notre monnaie; 42 sols, environ 21 fr.; 15 deniers, environ 65 c. Enfin, il faut ajouter que le septier, mesure de Saint-Yrieix, ne contenait que 57 litres (Dutreix, *Notice sur les mesures de la Haute-Vienne*, Limoges, 1827), tandis que celui de Paris, par exemple, en contenait 156. La pinte de vin, mesure de Saint-Yrieix, contenait 1 litre 8 décilitres 6 centilitres. (Dutreix, plus haut cité.)

1562. Le deux de may 1562 entra mon frere Mᵉ Anthoyne de Jarrige chanoisne en l'église de la presente ville et au lieu de Mᵉ Pierre de Salignac, et fust mis en possession par Mᵉ Dominique Lafon, chanoisne de la dicte église.

Nota que le douze d'aoust 1562, ceulx de la Religion nouvelle fisrent la Cene en ladicte ville, en la maison auparavant faicte, et feust administrée par Mᵉ Yrieiz Gentilz, ministre de la dicte Religion.

Bataille de Vergt. En octobre 1562, le neufviesme jour, Monsieur de Montpensier (1), accompagné de Monsieur de Montluc (2), poursuivirent Monsieur de Duras (3) avec ses gens jusques à Vergt, trois lieus prés Perigueux où ils le rencontrerent, et en fust tué de ceulx de Duras environ quatre mille et les aultres mis en desroute, qui estoient environ de douze à quatorze mille.

En novembre, Rouen fust repris par le Roy, et à la prinse et assaut d'ycelle ville furent tuez le Roy de Navarre (4), Messieurs de Randan (5), d'Andouins et plusieurs aultres grands seigneurs.

---

(1) Louis de Bourbon, duc de Montpensier, prince de La Roche-sur-Yon, dauphin d'Auvergne, fils de Louis de Bourbon et de Louise, comtesse de Montpensier, sœur du Connétable de Bourbon.

(2) Blaise de Montluc, fils de François de Montesquiou, seigneur de Montluc, et de Françoise d'Estillac, chevalier de l'ordre en 1555, colonel de l'infanterie française en 1558, lieutenant de roi en Guyenne en 1562, Maréchal de France en 1574.

(3) Simphorien de Durfort, seigneur de Duras, colonel des légionnaires de Guyenne, fils de François et de Catherine de Gontaut-Biron.

(4) Antoine de Bourbon, duc de Vendôme, roi de Navarre, fils de Charles et de Françoise d'Alençon, mort aux Andelys, près Rouen, le 17 novembre 1562, des suites de ses blessures.

(5) Charles de La Rochefoucauld, comte de Randan, chevalier de l'ordre du roi, colonel général de l'infanterie française, tué le 4 no-

En décembre, il y eust bataille entre ceux du Roy et de la Religion entre Paris et Orleans et prés de Dreux, et feurent tuez de la part du Roy de quarante à cinquante capitaines, dont il y avoit de huict à neuf chevaliers de l'ordre, entre aultres Monsieur le Mareschal de Sainct-André (1), Monsieur de Labrousse (2) et Monsieur de Montberon (3), fils de Monsieur le Connestable, et aussy feurent pris de la part du Roy mon dict sieur le Connestable (4), et de la part de ceulx de la Religion, Monsieur le Prince de Condé, leur chef (5). 1562. Bataille de Dreux.

En janvier au dict an, je fus pourveu de l'office et estat de Viguier (6) de nostre ville, vacquant par le 1563.

---

vembre à la prise de Rouen. — Il était fils cadet de François II et d'Anne de Polignac, dame de Randan.

(1) Jacques d'Albon, seigneur de Saint-André, Maréchal de France en 1547.

(2) Jacques de Labrousse. La *Biographie universelle* de Michaud donne la vie de ce chevalier de l'ordre, originaire du Périgord. Il avait été longtemps en Écosse, au service des Stuarts.

(3) Gabriel de Montmorency, baron de Montbron, en Angoumois, quatrième fils d'Anne, Connétable de France, et de Madeleine de Savoie, tué à vingt et un ans, en combattant à côté de son père.

(4) Anne de Montmorency, né à Chantilly en 1493, fils de Guillaume, seigneur de Montmorency, Écouen et Chantilly, et d'Anne Pot de Laroche-Pot, reçut l'épée de Connétable en 1538.

(5) Louis de Bourbon, prince de Condé, frère du roi Antoine de Navarre, septième fils de Charles, duc de Vendôme, et de Françoise d'Alençon, né à Vendôme le 7 mai 1530, chef du parti protestant en avril 1562.

(6) Viguier, *vicarius, vice comes*, vicomte, étaient, dit Bonaventure de Saint-Amable, « les officiers du vicomte qui prenaient garde à la justice et police, et mettaient prix raisonnable au blé, pain et vin. » — Les plus grands seigneurs de la province ne dédaignaient pas l'exercice de cette charge, à cause de l'autorité qu'elle leur donnait et du profit qu'ils en pouvaient retirer; ainsi, le 11 septembre 1486, Antoine de Bonneval, époux de Marguerite de Foix, fille du comte

1563. decés de feu noble Paul Gentilz (1), escuyer, seigneur du Verdier, homme autant prudent, saige et modeste que aultre que j'aye peu cognoistre, et ce par Messieurs de ladicte ville (2).

En febvrier, le cinquiesme jour au dict an, moy estant audict lieu de Bloys, deslogea le camp du Roy qui estoit à Beaugency et alla assieger la ville d'Orleans tenue par ceulx de la dicte Religion, et estoit chef et conducteur de l'armée Monsieur le Prince et Duc de Guyse (3).

Le dix-neufviesme febvrier audict an, feust blessé ledict sieur de Guyse et mourust le vingt-quatriesme jour des dicts moys et an, dont fust grande perte et dommaige pour le camp du Roy.

Le deux mars, je fus mis en possession royale du dict estat et office de Viguier par Maistre Jehan Bonnet, lieutenant general d'Uzerche, à laquelle Pierre de Mallevergne, mon oncle, au lieu de m'es-

---

de Comminges (cousine germaine de Gaston, roi de Navarre), fut nommé juge et Viguier de Saint-Yrieix par le roi et les doyen, chanoines et chapitre de ladite ville. Cette charge, dit Moréri (Généalogie de Bonneval), est la même que celle de prévôt ou bailli d'épée.

(1) Paul de Gentilz, troisième fils d'Hélie, seigneur de Lajonchapt, du Mas et la prévôté de Saint-Yrieix, et de Léonne de Sanzillon-la-Foucaudie, légataire du Repaire du Claud en 1547.

(2) En août 1307, un accord était intervenu entre Philippe le Bel et le chapitre de Saint-Yrieix. Ce dernier, afin d'obtenir la protection du roi contre de puissants voisins, lui abandonnait la moitié de la justice *(dimidiam partem indivisam omni modo juridictionis altæ et bassæ)*, de là nomination par le chapitre qui présentait au roi. Confirmation par le roi.

(3) Prince et duc de Guise. Il était l'un et l'autre en effet. François de Lorraine, duc de Guise et d'Aumale, prince de Joinville, marquis de Mayenne, fils aîné de Claude et d'Antoinette de Bourbon-Vendôme, assassiné par Poltrot de Méré le 18 février 1563.

tre aydant et prester secours, s'opposa; Dieu par sa saincte grace luy fasse entendre et cognoistre le tort qu'il me faict. 1563.

Au dict moys de mars, le septier bled seigle se vendist en la dicte ville 3 livres, et le septier froment 4 livres 6 sols, le septier avoyne 10 sols et l'eyminal de chastaignes 12 sols (1).

Au dict moys et le dix, la paix faicte au moys de mars feust publiée à Bourdeaulx et en la presente ville le dict jour vingt-troisiesme. Je prie le Createur qu'il nous veuille preserver et maintenir en ycelle. Première paix.

Nota que le vingt-huictiesme mois de may 1563, qui estoit la veille de Pentecoste, le septier bled seigle se vendist au marché 6 livres 12 sols, et le septier froment 7 livres 10 sols, et le septier avoyne 19 sols (2), chose n'ayant esté ny veue ny ouïe de l'age des vivans. Je prie le Createur qu'il veuille appaiser son yre (3) et faire que les vivres soient repmis à prix raisonable et tels que le paubvre aye moyen de soy nourrir.

Le droict de substitution faict à mon frere le chanoisne de ma personne, ores que je luy predecede, et que par ycelle n'estoit faicte mention de mes enfans, est acquis à yceux pour auctant que de mon vivant il a esté faict prebstre et par consequent ouvert ladicte substitution, et faut lire notamment à la

---

(1) Seigle, 3 livres = 30 fr.; froment, 4 livres 6 sols = 43 fr.; avoine, 10 sols = 5 fr. — L'éminal était environ un demi-setier, soit 28 litres 50 centilitres de châtaignes pour 12 sols = 6 fr.

(2) Seigle, 6 livres 12 sols = 66 fr.; froment, 7 livres 10 sols = 75 fr.; avoine, 19 sols = 9 fr. 50 c.

(3) Ire, vieux mot français, du mot latin *ira*, colère.

1563. condition : *Si sine liberis*, opposée par le testament de mon feu pere en faisant la dicte substitution, et ainsy a esté dict par arrest de Bourdeaulx, comme recite Pap. en son recueil d'arrests en la rubrique des substitutions, arrest 1er, le 3 juillet 1523 (1).

Le vingt-cinq d'aoust audict an, la maison où Maistre Jehan Moureau, procureur, se tenoit, qui estoit la maison de Cardenal, dans la ville, se trouva frappée de peste, de laquelle moururent quelques filles du dict Moureau, Me François Moureau, son frere, qui l'avoit apportée, par commun bruit, de Segur. De la dicte maison la dicte peste courust si bien et pullula qu'elle saisist non seulement le reiz (2) de la dicte ville mais aussi les faulx-bourgs d'ycelle, de sorte qu'il en mourut de nombre dix-neuf cens soixante-huict, et sans ce qu'on se restira ceulx qui avoient moyen le faire, n'en fust pas demeuré un sans mourir ou l'avoir, et dura la dicte peste sans y pouvoir mettre ordre puis le dict temps jusques à Noël, qu'on comptoit 1564, qui est seize moys.

Au dict temps, la dicte peste fust universelle et commune par tout le royaume de France, et feurent contrainctz les habitants des villes principales du Limosin, comme Limoges, St-Junien, Eymotiers, Soulougniat, Brive, Tulle, Segur et aultres, laisser leurs maisons et se restirer aux champs.

---

(1) Jean Papon, célèbre jurisconsulte du XVIe siècle. — Cujas appelait son recueil d'arrêts le *pessimum* des livres. — Guy Coquille, dans le préambule de sa *Coutume de Nivernais*, page 4, col. 2, ne le traite guère mieux.

(2) L'ancien *castrum* ou château du moyen âge, la partie de la ville qui était entourée de murailles et dont l'église du moustier formait à peu près le centre.

En novembre au dict an, en vertu de certain édict faict par le Roy et son Conseil privé, au moys de may auparavant, les burseaulx des provinces et aultres commys et desputés par le dict édict procederent à l'évaluation du quart du temporel des ecclesiastiques, et fust vendu par le lieutenant du seneschal de Limosin du temporel de Messieurs de la ville de St-Yriez de quatre à cinq mille livres, et de tout le clergé de ce diocese de six vingt à sept vingt mille livres. 1563.

Soyent advertiz que sans quelques-uns des principaux de la dicte ville, Monsieur de Bonneval (1), qui poursuivoit contre les dicts sieurs, eust eu la justice, qui fust esté grand dommaige pour la juridiction d'ycelle.

En janvier au dict an, je partis de Montluc (2), 1564.

(1) Gabriel de Bonneval, seigneur baron dudit lieu, Coussac, Blanchefort, Salagnac, chevalier de l'ordre du roi, gentilhomme ordinaire de sa chambre et capitaine de cinquante hommes d'armes de ses ordonnances. Il était fils de Jean et de Françoise de Varye de Montaigut, petit-fils d'Antoine, Viguier de Saint-Yrieix en 1486, et de Marguerite de Foix. — Il était neveu de Germain de Bonneval, en grande faveur sous Charles VIII, un des trois dont on disait :

Chastillon, Bourdillon, Bonneval
Gouvernent le sang royal.

On disait encore en Limousin, en faisant allusion à l'illustration de cette famille :

Descars richesse,
Bonneval noblesse.

(2) Montluc, petit château près Saint-Yrieix, appartenant à Pierre de Jarrige. L'on y voit encore sculpté sur une tour l'écusson de cette famille : *d'azur au chevron d'or, accompagné en chef de deux palmes d'argent, et en pointe d'une tour de même.* A partir de 1590, ces armes furent un peu modifiées : une croix sommant le chevron fut ajoutée, en souvenir de la fidélité de cette famille à la religion catholique.

1564. où, causant la peste, je faisois ma demoure, et m'en allay par commandement de mes dicts sieurs vers le Roy (la Cour lors estant à Paris) pour poursuivre le rapchat des dicts biens ecclesiastiques alienez que j'obtins d'un an seulement, à compter du premier jour de febvrier 1563, et finissant à mesme jour l'an complet et révolu, et ce avecques grande difficulté pour l'universelle Eglise gallicanne, et combien mon retour pourta assez de plaisir et contentement aux susdicts ecclesiastiques, toutes foys fust triste à mes parens et amys par le moyen d'un rhume qui me surprist à Paris, lequel sera cause de l'advancement de mes jours donnez

Au dict an, moy estant à Paris à la poursuitte du dict rachapt, arriva Monsieur le cardinal de Lorroyne (1), accompagné de plusieurs aultres prelats grands de France, du Concile teneu, concleu et arresté à Trente en Allemaigne (2).

En mars au dict an, le Roy (3) partist de Fontoyne-Beleau, où il s'estoit retiré appres son despartement de Paris, et s'en alla en Lorroyne où le Duc (4) l'avoit appelé pour assister comme parrain au baptesme d'une sienne fille et de la Duchesse sa femme, sœur du dict sieur.

(1) Charles de Lorraine, dit le Cardinal de Lorraine, fils de Claude et d'Antoinette de Bourbon-Vendôme, archevêque duc de Reims, né le 17 février 1524, mort le 26 décembre 1574.

(2) Concile de Trente, le XIXe et dernier concile œcuménique, qui dura de 1545 à 1563.

(3) Charles IX, second fils d'Henri II et de Catherine de Médicis.

(4) Charles II, duc de Lorraine et de Bar, fils de François et de Chrétienne de Danemark, épousa, le 15 février 1558, Claude de France, seconde fille de Henri II et de Catherine de Médicis.

Sur la fin du moys d'aoust 1564, le Roy partist et print son chemin par la Bourgongne et alla à Lyon où son sejour fust assez long, toutes foys appourta grand proffict et plaisir en France. 1564.

Au moys de juing au dict an, Monsieur de Burye (1) arriva à Bourdeaulx et fit déposer les armes et mettre en la maison commune de la ville.

Au moys de juillet et le troisiesme jour au dict an gela ; toutes foys vray que les bleds ne feussent recueillis ne pourta de dommaiges.

Au dict moys et le onziesme au dict an feust ouï en l'air un bruit de tambourins, trompettes et gens s'entre-battant ensemble, signe de future guerre. Dieu par sa saincte grace et misericorde nous veuille envoyer sa paix et délivrer d'ycelle (2).

Au dict moys, la peste, ne se contentant de la ville et faux-bourgs, se mist aux champs et saisit les villaiges mesme de Bas-Champs, Puy-la-Chayve, les Mazeaulx, le Champy, la Brunerye, la Lardie et Biars, lieux tous bournant de Montluc, comme fus contrainct de me séparer de mes freres, partie desquelz, avecques leurs familles, se retirerent à la Roche-Sainct-Paul, en Perigort.

Au dict an, le septier bled seigle communement

---

(1) Charles de Coucy, seigneur comte de Burie, avait succédé en la charge de lieutenant de roi en Guyenne à Frédéric de Foix, comte de Candale, baron d'Estissac.

(2) Cette croyance se maintint jusqu'en 1789. Le comte de Taillefer, dans ses *Antiquités de Vésone*, rapporte que des bruits semblables furent entendus peu avant la Révolution, et qu'à cette époque, en Périgord, on y attachait la même signification.

1564. se vendist 30 sols, le septier froment 45 sols et le septier avoyne 16 sols (1).

Au moys de septembre, le Roy se trouva malade à Marseille en parfaisant son voyage, et aulcuns crurent que c'estoit peste. Toutes foys, Dieu, par sa saincte grace, lui bailla guarison, nous manifestant en ce faisant l'assurance que nous devons avoir des vertus qui à present, nonobstant son bas age, reluisent en luy.

Au dict moys et le dix-neufviesme jour, mon frere, Maistre Anthoyne de Jarryge, chanoisne, s'étant retiré de quelques jours advant au village de Senegie, paroisse de Lanouaylhe, pour les dangers de nouveau survenuz au rez de la ville, se trouva frappé de peste au dict village, et parce que le soir avant son laquais avoit couché en nostre maison nous fusmes en grand trouble et tel que fusmes contraincts nous séparer les uns des aultres.

Au dict an mourust de peste Me Jehan du Breuilh, frere de ma femme, agé de vingt-trois ans, procureur en Parlement à Bourdeaulx, lequel avoit esté repceu par le dict Parlement en l'aige de dix-sept ans, nonobstant l'édict du petit Roy François pourtant prohibition de recevoir aucuns procureurs jusqu'à ce qu'ils feussent reduicts au nombre an-

(1) Seigle, 30 sols = 15 fr.; froment, 45 sols = 22 fr. 50 c.; avoine, 16 sols = 8 fr. — Il ne faut pas s'étonner de voir P. de Jarrige mentionner toujours le prix du seigle avant celui du froment. Au XVIe siècle, en Limousin, l'on pourrait même ajouter encore aujourd'hui, le seigle constituait presque l'unique base de l'alimentation du peuple. L'on semait très peu de froment et la classe riche seule en faisait usage.

cien. Aussi au dict an moutust Me Anthoyne Bardon, juge des appeaulx (1), mon cousin germain, agé de vingt-huict ans, d'étisie. 1564.

Le dernier jour de novembre commença se parler du partage d'entre moy et mes freres. Je prie le Seigneur qu'il nous donne la grace de le parfaire sans débats et procés.

Le sept du moys de décembre au dict an, je partis pour m'en aller à Bourdeaulx, du lieu de Montluc, contre Me Pierre Robbert qui estoit appelant de certain appointement par moy baillé, portant cassation de certain droict baillé en sa faveur contre Aulbin et aultres.... par Me Pierre de Vauve, soy disant commis de mon lieutenant, lequel appointement par arrest de la dicte Cour fust confirmé, et le dict Robbert déclaré mal avoir appelé et compdamné en l'amende et aux dépens; et oultre ce ordonné que le dict Vauve comparoitroit en personne pour estre ouï sur certains interrogatoires que la Cour entendoit faire.

Et nota que le dict Robbert pour la hayne qu'il me portoit avoit résolu le dict appel, car quelque priere que je luy eusse faicte de ne ce faire, pourtant il ne voulut differer, et soient mes enfants advertis de se donner garde de luy et de sa maison d'autant que depuis il s'est étudié de me nuire et se venger de moy en tout ce qu'il a pu : mais Dieu auquel seul la vengeance appartient m'en a pre-

---

(1) Les vicomtes de Limoges avaient établi à Ségur un siége de justice duquel relevaient toutes les terres de leur vicomté. Telle fut l'origine de la Cour des appeaulx (appels) de Ségur.

1564. servé jusques à present et espere que fera pour l'advenir.

La vigile de Noël au dict an, j'arrivay de Bourdeaulx au dict lieu de Montluc, et quelques jours appres je me retirai en la ville et en ma maison sise aux faux-bourgs d'ycelle, où bientost apres ceux qui s'estoient preservez durant le dict danger de peste me suivirent, et fismes tant par notre diligente conduicte, par l'aide, appui et secours du Seigneur que le dict danger cessa.

1565. Le neufviesme jour de janvier je commençai à tenir la Cour ordinaire, laquelle avoit différé d'estre tenue par le temps de dix-huict moys ou plus (1).

Au dict an et moys, le bled valoit communement, se vendoit le septier seigle 25 sols, le septier froment 35 sols, et le septier avoyne 16 à 18 sols, et fut de chataignes moderement (2).

Au moys d'apvril 1565 et le neufviesme jour, le Roy arriva à Bourdeaulx, ayant passé auparavant puys son despartement de Marseille à Toulouse et plusieurs aultres villes de son royaume, où il séjourna par quelque temps durant lequel il fist plusieurs édicts et fist publier les cahiers d'Orleans, lesquels la Cour de Parlement n'avoit voulu receppvoir auparavant.

Durant le temps que le dict sieur séjourna à Bourdeaulx, Monsieur de Burye, lieutenant pour le

(1) Il existe dans les archives de M. le marquis de Permangle, à Paris, plusieurs sentences signées de Pierre de Jarrige et datées de son château de Montluc.

(2) Seigle, 25 sols = 12 fr. 50 c.; froment, 35 sols = 17 fr. 50 c.; avoine, 16 sols = 8 fr.

Roy en Guyenne, mourust, et fust pourveu de son estat Monsieur de Montluc, au grand regrest du seigneur des Cars (1) qui avoit faict courir le bruict que le dict sieur l'avoit pourveu du dict estat. 1565.

Aussi au dict temps, le viscomte de Pompadour (2) meurdrist et homicida le seigneur de Chamberet à Bordeaulx et prés la maison du dict seigneur qui estoit logé au logis archiepiscopal de la dicte ville, lequel si pour lors eust esté prins fust esté en grand danger de sa personne. Depuis toutes foys du dict homicide il a obtenu grace qui a esté enterinée.

Au moys de may et le troisiesme jour au dict an, le Roy partist de Bourdeaulx et s'en alla à Bayonne où la Royne d'Espaigne (3), sa sœur, le vint trouver, et de là ayant séjourné quelque temps prist son chemin vers Angoulesme et passa par Mussidan en Perigort.

---

(1) François de Pérusse, seigneur comte des Cars, chevalier de l'ordre du roi, capitaine de cinquante hommes d'armes de ses ordonnances, lieutenant général au gouvernement de Guyenne en décembre 1568, gouverneur de la ville de Bordeaux. Il fut le huitième chevalier de l'ordre du Saint-Esprit a la première promotion du 31 décembre 1578. Il était fils aîné de Jacques et d'Anne de L'Isle-Jourdain; il avait pour frères Charles, évêque duc de Langres, et Anne, cardinal de Givry.

(2) Jean de Pompadour, fils aîné de Geoffroy, seigneur de Pompadour, vicomte de Comborn, et de Suzanne des Cars, tua en duel François de Pierre-Bullière, vicomte aussi de Comborn, baron de Chamberet, son cousin. — Une grande rivalité existait entre les maisons de Pierre-Bullière et de Pompadour, par suite du mariage de deux seigneurs de ce nom avec les deux dernières héritières de la grande maison de Comborn, autrefois presque souveraine en Limousin. De là nombreux procés pour le partage de cette opulente succession et le titre de vicomte de Comborn.

(3) Élisabeth de France, fille d'Henri II et de Catherine de Médicis, mariée en 1559 à Philippe II, roi d'Espagne.

1565. Au moys de juing au dict an, le bled seigle se vendist le septier 30 sols, et le froment 45 sols, et l'avoyne 26 sols (1).

Au dict an, il y eust une grande quantité de chastaignes et en telle abondance qu'on tenoit communement que cinquante ans auparavant il n'en avoit eu autant, et bien peu de bled, que fust la cause qu'il ne se vendit comme il ne y eut faict.

Au moys de décembre au dict an, le septier seigle se vendit 45 sols, le septier froment 55 sols et le septier avoyne 15 sols. Et dura ladite cherreté de bled jusques environ les festes de Pentecoste appres suivant (2).

Au dict an, entre aultres édicts que le Roy fist, il en fist ung par lequel il voulust et ordonna que l'an commencerait au premier jour de janvier (3).

Le premier jour de janvier appres, suivant l'édict du Roy, les notaires commencerent à prendre la datte de l'année suivante au dict premier jour.

1566. Au moys de febvrier au dict an, le seigneur des Cars, suscité par quelques-uns de notre ville, obtint lettres du Roy pour faire esclaircir les droicts et esmolumens que le dict sieur (4) pouvoit avoir à pretendre sur la justice de la dicte ville, lesquelles il fit adresser au lieutenant, cuidant par ce moyen avoir

---

(1) Seigle, 15 fr.; froment, 22 fr. 50 c.; avoine, 13 fr.

(2) Seigle, 22 fr. 50 c.; froment, 27 fr. 50 c.; avoine, 7 fr. 50 c.

(3) Depuis 1301 jusqu'à l'édit de 1564, l'année commença, en Limousin, au 25 mars. (G. B. de Rencogne, *Du Commencement de l'année en Angoumois.*)

(4) C'est-à-dire ledict sieur roi, en vertu de l'arrangement intervenu entre Philippe le Bel et le Chapitre en 1307.

part en la dicte justice. Toutes foys il fust si bien 1566.
repoussé que par arrest tant du privé Conseil qu'à Bourdeaulx, l'entier esmolument de la dicte justice fust déclaré appartenir aux Doyen, Chanoisnes et Chapitre de la dicte ville.

Au dict an, le Roy appres avoir du dict lieu d'Angoulesme passé par la Rochelle, pays de Bretaigne et aultres villes de son royaume, se restira à Moulins, où il séjourna pour quelque temps durant lequel il fust baillé arrest au prince de Condé, par lequel Monsieur l'Admiral (1) fust desclaré innocent de la mort de monsieur de Guyse.

Au moys de may au dict an, le bled ravala et le septier seigle ne valust que 40 sols, le froment 45 sols et l'avoyne 24 sols, contre l'opinion des usuriers qui avoient gardé leurs grains jusques au dict temps cuidant les vendre davantaige (2).

Au moys de juing et advant que les bleds nouveaux feussent recueillis, le bled ravala de telle

---

(1) Gaspard de Coligny, seigneur de Chastillon, né audit lieu le 16 février 1517, deuxième fils de Gaspard, Maréchal de France, et de Louise de Montmorency (sœur du Connétable Anne), colonel général de l'infanterie française en 1552, Amiral de France en 1551. — Les catholiques l'accusaient d'avoir trempé dans l'assassinat du duc de Guise, commis par Poltrot au siege d'Orleans. Lorsqu'on fit la paix d'Amboise (1563), le prince de Condé avait juré que l'Amiral de Coligny n'était pas coupable de l'assassinat du duc de Guise, se portant pour garant de son innocence. L'affaire avait été évoquée au Conseil, et un silence de trois ans avait été ordonné. Ce terme expirait à Moulins, et l'on saisit cette occasion de faire réconcilier les catholiques et les protestants. L'Amiral devait prêter serment qu'il n'était ni auteur ni complice du meurtre. La veuve du duc (Anne d'Est) et le cardinal de Lorraine diraient qu'ils le croyaient innocent.

(2) Seigle, 20 fr.; froment, 22 fr. 50 c.; avoine, 12 fr.

1566. sorte que le septier seigle ne se vendist que 24 sols et le septier froment que 35 sols, et le septier avoyne 18 sols (1).

Au dict temps et en la dicte année, le vin estoit fort cher et la pinte de la presente ville se vendoit 3 sols, 4 sols et le moindre 6 blancs (2).

Le dix-septiesme jour d'aoust au dict an 1566 et un jour de samedy, je me retirai avecques ma femme et famille en ma maison de la ville qui autrefois avoist appartenu au chanoisne Fabry, laquelle par le dict partage faict avecques mes dicts freres m'estoit demeurée. Je prie le Seigneur qu'il me donne la grace d'y prosperer avecques ma dicte famille, le tout à sa louange et salut de mon ame.

1567. En mars 1567, le bled ravala et le septier seigle ne se vendoist que 20 sols, le septier froment 35 sols et le septier avoyne 24 sols (3).

En apvril au dict an et le vingt et uniesme jour du dict moys, environ heure d'une heure appres midy, Me Leonard Chouly tua et homicida Raymond Gentilz (4), fils du seigneur de Lajonchapt, cousin germain du dict Chouly, au devant de la maison du dict Lajonchapt, sise dans la presente ville, et au devant la grande église d'ycelle, d'un coup d'espée baillé d'estoc, duquel il le perça d'oultre en oultre et mourust soudain sans parler;

(1) Seigle, 12 fr.; froment, 17 fr. 50 c.; avoine, 9 fr.

(2) 1 fr. 50 c. et 2 fr.

(3) Seigle, 10 fr.; froment, 17 fr. 50 c.; avoine, 12 fr.

(4) Fils aîné de Jacques, seigneur de Lajonchapt, et de Marguerite de Salignac-Rochefort. — Léonard Chouly était fils de Paul et de Françoise de Gentils, sœur de Jacques.

et lors j'estois absent de la presente ville ensemble mon lieutenant (1). 1567.

Le septiesme de juing au dict an, un jour de samedi, le seigneur des Cars fist sa monstre (2) en armes en nostre ville et y apporta grand dommaige.

Le dixiesme jour de juillet au dict an, mourust Me Helye de Leymarie, chanoisne de la presente ville, homme docte et autant experimenté en toutes bonnes lettres que tout aultre de son temps, lequel quelques jours auparavant avoit résigné sa dicte chanoisnie entre les mains du Chapitre qui l'avoit concédée à un sien nepveu.

En la dicte année, il y eust quantité de bled, vin et chastaignes, eu égard aux precedentes années, et le septier froment ne se vendoit que 25 sols, et le septier seigle 17 sols, l'esminal avoyne 4 sols et la charge de vin sur les lieux 18 sols (3).

Deuxieme guerre civile.

Le jour de Sainct-Michel au dict an, ceulx de la Religion nouvelle s'assemblerent et reprisrent les armes tout à un coup sans qu'on sceut auparavant leur entreprinse et qu'on leur donnast occasion de ce faire, et ceulx de la Guyenne s'assemblerent ez

(1) Le concile de Trente, par un de ses canons, fulmina l'excommunication non-seulement contre les duellistes, mais contre les témoins, contre l'empereur, les rois, princes, ducs et tous autres seigneurs qui auraient fourni le terrain pour le combat. Ceux qui périssaient devaient être privés de sépulture. — Les États généraux d'Orléans (1560) avaient fait leurs doléances au roi pour reprimer cet abus. — L'ordonnance de Moulins (1566) défendait le duel sous peine de la vie.

(2) Fist sa monstre, passa la revue de sa compagnie d'ordonnance.

(3) Froment, 12 fr. 50 c.; seigle, 8 fr. 50 c.: avoine, éminal (demi-setier, 27 litres), 2 fr.; la charge de vin (comprenait 60 pintes, soit environ 1 hect. 10 litres), 9 fr.

1567. lieux et villes de Bregerat (1), Mucidan, Saincte-Foy et la Linde, où estoient en nombre de combattans douze mille et demeurerent ez dicts lieux environ troys sepmaines sans qu'on pust savoir le chemin qu'ils vouloient tenir, et appres despartirent et prisrent leur chemin par Ruffec et vinrent devant Sainct-Junien où n'entrerent pour ce qu'il y eust composition, et de là au Dorat où ils entrerent par force et tuesrent environ quatre cens hommes, ensemble pillerent la ville comme fisrent de Bellac et la Souteraine, et de là prisrent le chemin vers Orleans qui avoit esté auparavant prins par ceulx de la dicte Religion et estoit tenu par l'Admiral, un de ceulx de la dicte Religion.

Cependant le seigneur de Montluc, lieutenant pour le Roy en Guyenne, estant pour lors à Agen, craignant la ville de Lectoure estre prinse et saisie par ceulx de la dicte Religion, se retira de nuict dans ycelle, où estant manda à tous les capitaines, barons et grands seigneurs de la dicte Guyenne d'assembler gens tant qu'ils pourroient, ce que de faict ils fisrent et vinrent trouver le dict sieur de Montluc, lequel accompaigné des compagnies des sieurs de Terride (2), de Biron (3), des Cars, Montsallez (4) et

(1) Bergerac, toujours ainsi écrit dans les anciens titres. C'était un des foyers du protestantisme.

(2) Antoine de Lomagne, vicomte de Terride, au diocèse de Montauban.

(3) Armand de Gontaut, baron de Biron, chevalier de l'ordre du roi, capitaine de cinquante hommes d'armes de ses ordonnances, Grand-Maître de l'Artillerie le 15 novembre 1569, Maréchal de France en 1577, tué au siége d'Épernay en 1592, à soixante-cinq ans.

(4) Jacques de Balaguier, seigneur baron de Montsallez, chevalier

plusieurs aultres tant de cheval que à pied, vinst au lieu de Bregerat quelques jours appres le despartement de ceulx de la dicte Religion, où estant pour pourvoir aux affaires, les habitans de Limoges se craignant de ceulx de la dicte Religion estant pour lors au devant du Dorat, et advertis qu'estant entrez dans le dict Dorat, ils pretendoient venir à Limoges et prendre la ville d'assaut et par force si ouverture d'ycelle ne leur estoit faicte, envoyerent quelques-uns des consuls vers le dict sieur pour le supplier d'envoyer secours à la dicte ville de Limoges et s'il estoit possible luy-mesme y venir, ce qu'il accorda ayant communiqué au Conseil ce faire. 1567.

Et de faict le dict sieur de Montluc avecques sa troupe partist du dict lieu de Bregerat et prinst son chemin à Perigueux et de là à Thiviers et passa par Chalus, arriva à Limoges le neufviesme de novembre au dict an, et advant sa veneue, advertis ceulx de la dicte Religion d'ycelle, appres avoir faict le massacre susdict, reprisrent comme dict est leur chemin vers Orleans.

Estant le dict sieur de Montluc à Limoges, fist le lendemain de son arrivée la monstre des gens de pied où se trouva trente-quatre enseignes (1) sans les compaignies de cheval, et la dicte monstre faicte reprist son chemin avecques quelque peu de gens vers le pays de la Gascongne et fist marcher son

---

de l'ordre du roi, gentilhomme de sa chambre, capitaine de cinquante hommes d'armes de ses ordonnances, tué à la bataille de Jarnac en 1568.

(1) L'enseigne comprenait environ de soixante à quatre-vingts fantassins et même quelquefois davantage.

1567. armée vers le pays de la France, et d'ycelle fusrent conducteurs les sieurs de Terride, Montsallez et Sainct-Orens (1).

Passant la dicte armée par le pays de Bourbonnois, adverty le dict sieur de Montsallez que prés du lieu où l'armée passoit il y avoit assemblée de grand nombre de gens de ceulx de la dicte Religion, conduits par un grand seigneur d'ycelle, auroit faict marcher la dicte armée contre eulx, et les ayant atteint les auroit combattu d'une furiozhe grande et telle que la victoire lui en seroit demeurée avecques peu de gens morts de son coté et de ceulx de la dicte Religion de huit cens à mille, sans les prisonniers.

Bataille de Saint-Denis. Au dict moys de novembre au dict an, y auroit eu journée entre Paris et Sainct-Denis où seroient morts beaucoup de gens tant d'un coté que d'aultre, et entre les catholiques se seroit trouvé mort Monsieur le Connestable (2) et aultres gens de nom et de marque.

Appres la dicte journée, le prince de Condé avecques sa compaignie auroit prins son chemin vers la Champaigne et de là au pays de Lorroyne où seroient esté commis grands meaulx pendant qu'il y auroit séjourné.

1568. Au moys de janvier et sur la fin d'ycelluy, Bloys fust prins par ceulx de la Religion, lesquelz entrés dans la ville commirent grandes cruautez contre les

(1) Tilladet, seigneur de Saint-Orens. — Montluc en parle souvent comme d'un de ses principaux lieutenants.

(2) Anne de Montmorency. Il avait soixante-quatorze ans.

habitans d'ycelle, et au dict moys de janvier on comptoit 1568; aussy fust pris au dict temps la Rochelle. 1568.

Les vivres au dict temps, pour raison des guerres civiles, n'augmenterent en prix, mesme au pays de Limosin, parce qu'il n'y eust destention, sauf le foin qui se vendoit 15 sols le quintal (1).

Le dict Prince de Condé partant de Lorroyne prit son chemin vers les Ardennes pour prendre les reistres (2) qui estoient menez et conduicts par le sieur d'Andelot (3), les quels ayant repceu, accompaigné d'eulx et de sa troupe, passa par la Bourgongne et de là vint devant Chartres, où estant ayant par quelques jours combattu et fait bresche à la ville, restant à bailler l'assaut, seroit esté parlé de traicter paix entre le Roy et le dict Prince de Condé, auteur et principal conducteur de ceulx de la dicte Religion, et tellement que la dicte paix quelques jours appres seroit esté arrestée et publiée le vingt-septiesme jour de mars au dict an 1568, en la Cour de Parlement de Paris.

Par le dict traicté de la dicte paix, entre aultres chefs seroit esté dict que l'édict de mars faict en faveur de ceulx de la dicte Religion tiendroit, et pendant que ceulx de la dicte Religion fesoient le Deuxième paix.

(1) Le quintal de foin, soit 50 kilogrammes, 7 fr. 50 c.

(2) Du mot allemand *reiter*, cavalerie, sorte de cavalerie allemande, qui servait jadis dans nos armées, surtout parmi les protestants.

(3) François de Coligny, seigneur d'Andelot, troisième fils de Gaspard, seigneur de Chastillon-sur-Loing, et de Louise de Montmorency, colonel général de l'infanterie française.

1568. devoir de faire bresche, le seigneur d'Ardelles, capitaine pour le Roy dans la dicte ville de Chartres, seroit esté tué par ceulx de la dicte Religion (1).

Au dict an, il y eust grande quantité de bled, mesme ez pays de Limosin et Perigort, et le septier froment ne se vendoit que 28 sols le septier, le septier seigle 15 sols et le septier avoyne 15 ou 16 sols (2).

Troisième guerre civile.

Le cinq d'aoust au dict an, mourust Pierre de Jarrige, mon cousin germain, qui estoit archer (3) de la compagnie de Monsieur de Bourdeille, et lorsqu'il mourust estoit de l'age de vingt-trois à vingt-quatre ans, dont fust grande perte.

Au commencement du moys de septembre, fust bruit que ceulx de la dicte Religion se soulevoient, et quelques jours appres le Prince de Condé, accom-

(1) Jean de Bourdeille, seigneur d'Ardelles, gouverneur pour le roi de la ville de Chartres, y avait été envoyé avec dix-huit enseignes de Gascons et de Périgourdins. Il était fils de François, baron de Bourdeille, sénéchal de Périgord, et d'Anne de Vivonne de La Chastaigneraie.

(2) Froment, 11 fr.; seigle, 7 fr. 50 c.; avoine, 7 fr. 50 c. et 8 fr.

(3) Au XVIe siècle, deux sortes de contingents formaient la cavalerie: les compagnies de gens d'armes ou d'hommes d'armes, derniers restes des compagnies d'ordonnance organisées par Charles VII, et qui sont la grosse cavalerie; 2° des corps plus ou moins réguliers de cavalerie légère et composés de gentilshommes, qualifiés suivant leur armement, leur province et l'epoque, d'*archers*, de chevau-légers ou de brigandiniers. Les plus grands seigneurs, au XVIe siècle, pour leurs débuts dans la carrière militaire, s'estimaient heureux d'obtenir ce titre d'archer. Montluc raconte dans ses commentaires (édition de 1594, page 8) qu'il obtint une place d'archer dans la compagnie de M. de Lescun, « *ce qu'on estimoit beaucoup en ce temps-là, car il se trouvoit de grands seigneurs qui estoient aux compagnies, et deux ou trois en une place d'archer.* »

paigné de ses femme et enfants, le seigneur Admiral et plusieurs aultres, se seroient restirez en la ville de la Rochelle, qui tenoit pour ceulx de la dicte Religion. 1568.

Au dict moys, ayant le dict Prince de Condé laissé ses femme (1) et enfants en la dicte ville de la Rochelle, se seroit restiré à Verteuil (2) pour assembler ses forces, cependant tous ceulx de la dicte Religion se mirent en armes pour l'aller trouver au dict lieu de Verteuil.

Aussi pendant que le dict Prince estoit à Verteuil la Royne de Navarre (3) se seroit restirée à Mucidan avec Monsieur le Prince, son fils (4), et plusieurs aultres grands seigneurs, en déliberation d'aller trouver le dict Prince de Condé au dict lieu de Verteuil.

Advant que la dicte Royne se restirast, voulant le seigneur des Cars faire son entrée à Bregerat comme lieutenant pour le Roy en ses pays de Limosin et Perigort, seroit esté refusé ce faire par les habitans du dict lieu, au moyen de quoi il auroit assemblé les forces qui pouvoient estre en sa puissance pour les joindre avecques celles du seigneur de Montluc,

---

(1) Françoise d'Orléans, fille de François, marquis de Rothelin, et de Jacqueline d'Orleans, avait épousé, le 8 novembre 1565, Louis Ier, prince de Condé, veuf alors de sa première femme Éléonore de Roye-la-Rochefoucauld.

(2) Château en Angoumois, appartenant au comte François de La Rochefoucauld, l'un des principaux chefs du parti protestant.

(3) Jeanne d'Albret, fille d'Henri, roi de Navarre, et de Marguerite d'Angoulême, sœur de François Ier : mariée, le 15 octobre 1542, à Antoine de Bourbon, duc de Vendôme. Ce sont les père et mère d'Henri IV.

(4) Henri IV, alors âgé de quinze ans.

1568. et auroient prins leur chemin vers la dicte ville de Bregerat; auroit le dict sieur des Cars avec sa troupe passé par nostre ville et couché en ycelle le quinze du dict moys de septembre au dict an.

Au dict an n'y eust grande quantité de vin et de chastaignes, et par la crainte de la guerre on fust contrainct d'amasser la vendange avant que le raisin fust mur.

Le premier jour d'octobre, entre une et deux heures appres midy, mourust mon fils Mathyeu de Jarrige, agé de quatorze mois et quinze jours, d'un catharre qui lui saisit la langue, et demeura agonisant presque deux jours et deux nuicts. Dieu me veuille preserver les aultres! Toutes foys en tout la volonté d'ycelluy soit faicte!

Le deuxiesme jour des dicts moys et an, ceulx de la Religion nouvelle, conduicts par le Prince de Condé, assiegerent Angoulesme où demeuresrent treize jours devant, et le jeudy qu'on comptoit le quatorziesme jour des dicts moys et an, et environ l'heure de vespres, fust prinse par composition n'ayant ceulx de dedans, desquels le seigneur de Mezieres (1) estoit chef, aulcune munition ni moyen de se défendre.

---

(1) Nicolas d'Anjou, marquis de Mézières, baron de Mareuil et Villebois, fils de René et d'Antoinette de Chabannes, chevalier de l'ordre, capitaine de cinquante hommes d'armes, nommé gouverneur d'Angoulême le 18 février 1568, en remplacement de Louis Prévost de Sansac. Il fit son entrée à Angoulême le 6 mars 1568. Il descendait au XXIIe degré de Charles, frère de Saint-Louis, tige de la maison d'Anjou, roi de Naples et de Sicile. Il était baron de Mareuil et Villebois par son mariage avec Gabrielle, fille unique et héritière de Guy de Mareuil et de Catherine de Clermont.

Pendant que le siege estoit devant Angoulesme, 1568.
estant advertis les seigneurs de Montluc et des Cars, gouverneurs pour le Roy en Guyenne, que les Provenceaux descendoient et estoient prés de Cahors pour se joindre avec le dict Prince de Condé, se seroient assemblez avec toutes leurs forces au lieu de Gremat, en Quercy, pour les combattre; toutes foys ayant prins le maistre du camp des dicts Provenceaux (1) et par ycelluy advertis du nombre des gens qu'ils estoient (qui estoient en nombre de dix-sept à dix-huict mille combattans), se seroient restirez, le dict sieur de Montluc à Agen, et le dict sieur des Cars seroit veneu trouver Monsieur de Montpensier qui conduisoit l'armée du Roy, prés de Limoges, tenant son chemin vers la ville de Perigueux pour empescher que le dict sieur Prince de Condé ne se joignist avec les dicts Provenceaux, et tous ensemble assiegerent Perigueux.

Le vingt-deuxiesme des dicts moys et an, la compagnie du capitaine Lauriere (2), fils du seigneur de Pompadour, aultrement appelé du capitaine des gens de pied, arriva en nostre ville et y demeura jusques au lendemain, environ midy, avec déliberation d'y faire plus long séjour, n'eust esté que le

---

(1) L'on peut voir ici combien P. de Jarrige était bien informé des moindres détails des événements de son temps. Montluc, dans ses commentaires (page 474), raconte comment il marchait au-devant des Provenceaux, lorsqu'il apprit, par le capitaine Pierre Moreau, qu'ils étaient de seize à dix-huit mille combattants, ce qui le força de rebrousser chemin.

(2) François de Pompadour, seigneur de Laurière, fils de Geoffroy, vicomte de Comborn, et de Suzanne des Cars.

1568. seigneur du Saillant (1), maistre de camp du régiment du seigneur des Cars, pour despartir le dict régiment et loger la récolle (2) du dict sieur des Cars en nostre dicte ville, estant arrivé, fist desloger la dicte compaignie en toute diligence, et quelques jours auparavant le dict capitaine Lauriere estoit entré par force dans la ville de Solignat et ycelle pillée et bruslée en partie.

Le vingt-quatre des dicts moys et an, le dict sieur des Cars, accompagné des seigneurs de Lauzun (3), Sainct-Geniez (4), Maddalian (5) et aultres chevaliers de l'ordre, en nombre de neuf à dix, arriva en nostre dicte ville et y dina seulement, et de là prist son chemin vers Excideuil où il alla coucher avecques déliberation d'aller trouver le seigneur de Montpensier à Perigueux, où le rendez-vous de tous estoit.

---

(1) Geoffroy de Lastayrie du Saillant, seigneur dudit lieu, fils de Guillaume et de Peyronne de Roffignac, chevalier de l'ordre du roi en 1570, gentilhomme ordinaire de sa chambre, servit sous cinq rois, et mourut en 1596, apres soixante-dix ans de services.

(2) Recrues, la qualification de récolleur ou racoleur s'est maintenue jusqu'à nos jours.

(3) Gabriel Nompar de Caumont, seigneur de Lauzun, Montbahus, Puyguilhem, fils de François et de Charlotte de Larochandry, chevalier de l'ordre du roi (Saint-Michel), gentilhomme de sa chambre, capitaine de cinquante hommes d'armes de ses ordonnances, chevalier du Saint-Esprit en 1585.

(4) Armand de Gontaut, seigneur de Saint-Geniez, La Capelle, d'Andaux et Badefol, fils aîné de Jean et de Françoise d'Andaux, sénéchal de Béarn en 1564, chevalier de l'ordre du roi en 1565, gouverneur et lieutenant pour le roi de Navarre en ses pays souverains.

(5) L'un des principaux lieutenants de Montluc, qui le cite souvent dans ses mémoires.

Le vingt-cinq des dicts moys et an, adverty le seigneur de Montpensier que les dicts Provenceaux estoient prés de Saint-Chaptier (1), s'achemina à tant qu'il pust avecques ses forces, et prés le lieu appelé Chantegeline rencontra les dicts Provenceaux, et combattirent tellement qu'il en mourust des dicts Provenceaux deux mille ou plus et des nostres bien peu; toutes foys y mourusrent les sieurs de La Chastre (2), d'Essé (3) et le baron de Montaumer (4), qui fust grand dommaige et perte pour nostre camp; aussi du coté des dicts Provenceaux y mourust leur chef et conducteur le baron de Mouvans (5). 1568. Bataille de Mensignac.

Le lendemain de la défaicte, le dict sieur de Montpensier estant adverty que ce qui avoit resté des dicts Provenceaux s'estoit joinct avecques le dict prince de Condé, craignant que tous ensemble allassent trouver Monsieur d'Anjou, frere du Roy (6),

---

(1) Saint-Astier, chef-lieu de canton de l'arrondissement de Périgueux, souvent nommé Saint-Chaptier dans les anciens actes. La bataille se donna à huit kilomètres environ de Saint-Astier, entre Chantegeline et Mensignac, mais garda le nom de ce dernier endroit.

(2) Jacques de La Chastre, deuxième fils de Claude, seigneur de Lamaisonfort et d'Anne Robertet, dame de La Ferté-sous-Reuilly.

(3) Gabriel de Montalembert, seigneur d'Essé, Espanvillers et La Rivière, fils d'André et de Catherine d'Illiers des Adrets, fille du baron des Adrets et de Madeleine de Joyeuse.

(4) D'Astarac de Fontrailles (appelé Montamar dans de Thou et Montaumar dans d'Aubigné), gouverneur du Béarn pour la reine de Navarre, frere du baron de Fontrailles, sénéchal de Lectoure.

(5) Antoine et Paul de Richons, seigneurs de Mouvans, dans la haute Provence, furent les premiers fauteurs du calvinisme en Provence. Antoine avait été mis à mort sous Henri II.

(6) Alexandre-Édouard de France, nommé ensuite Henri, puis roi sous le nom d'Henri III, troisième fils d'Henri II et de Catherine de

1568. qui venoit avec grandes forces, fist conduire avecques luy son artillerie et prist son chemin par Thiviers, Chalus, dans le dessein de joindre ses forces avecques celles du duc d'Anjou, ce qu'il fist, et trouva ycelluy devant la ville de Chatellerault.

Pendant que le dict sieur de Montpensier se restiroit vers le dict sieur d'Anjou, ceulx de la dicte Religion, par intelligence qu'ils avoient avecques le capitaine commis par le Roy pour la garde de la ville et fort de Blaye, nommé des Roys (1), prisrent la dicte ville de Blaye, qui fust un grand dommaige et désavantage pour le Roy.

Aussy au dict temps fust prinse la ville de Pons, en Saintonge. Et le dict capitaine Lauriere, accompaigné du capitaine La Mothe, avecques leurs troupes, s'en venant de la dicte ville de Perigueux, s'arresterent devant le chasteau de Vilhac, siz au bas pays de Limosin, lequel ils assiegerent, et y ayant demeuré quelques jours, voyant qu'il n'estoit aisé à prendre mesme par si peu de gens qu'ils estoient, sans artillerie, le dict capitaine Lauriere auroit envoyé querir une piesce d'artillerie de batterie au chasteau de Pompadour, laquelle fust conduicte par dix-neuf paires de bœufs devant le dict chasteau de Vilhac, où estant le canonier mal advisé l'auroit chargée plus que ne pouvoit porter et tellement qu'elle se seroit rompue, ce que voyant les dicts Lauriere et La Mothe et que par ce moyen ils estoient

---

Médicis, né le 19 septembre 1551, élu roi de Pologne le 9 mai 1573, roi de France le 30 mai 1574, assassiné le 2 août 1589.

(1) *Homme qui était d'un poil,* dit Montluc, *dont il n'est guères de gens de bien, mais qui savait parfaitement se déguiser.*

privez de tous poincts d'entrer dans le dict chasteau de Vilhac, se seroient restirez de devant ycelluy avec leur grande honte et ayant esté plusieurs de leurs gens blessez par ceulx du dict chasteau (1). 1568.

Le camp du dict sieur de Montpensier, advant que les forces du dict sieur d'Anjou se feussent joinctes avecques luy, estant arrivé par quelques jours ez lieux prés Poictiers, ainsi que le dict camp, vouloit loger en un village nommé Chasseneuil, celui du dict Prince y seroit arrivé et se seroit escarmouché rudement et de telle sorte que pendant que l'escarmouche auroit duré, que seroit depuis sept heures du matin jusques au soir, plusieurs et en grand nombre y seroient esté tuez d'ung costé et d'aultre.

Aussy en passant le dict camp du dict sieur d'Anjou prés de Angers, ceulx du dict Prince de Condé en estant advertis auroient baillé sur l'armée d'ycelluy, où quelques-uns de ceulx qui estoient conduicts par le seigneur de Brissac (2) seroient esté tuez et grande quantité de bagages pris.

Le Prince de Condé prinst le chasteau de Mirambeau (3), et estant prés de là le dict sieur d'Anjou l'auroit suivi, dont adverty le dict Prince de Condé se seroit restiré vers Loudun qu'il auroit prins et

(1) Château fort aujourd'hui situé dans le canton de Terrasson (Dordogne). Il appartenait à cette époque à Annet d'Aubusson, seigneur de Vilhac et Pérignac, baron de Miremont, chevalier de l'ordre du roi.

(2) Charles II de Cossé, comte de Brissac, fils de Charles Ier, Maréchal de France en 1550, et de Charlotte d'Esquetot. Il devint gouverneur de Paris en 1594 et Maréchal de France.

(3) Sis dans l'arrondissement de Jonzac (Charente-Inférieure).

1568. laissé quelques compaignies pour la garde et défense dans les dictes villes et chasteau de Mirambeau que le dict sieur d'Anjou auroit assiégé, et l'ayant reprins, fist passer au fil de l'espée tous ceulx des dictes compaignies qui estoient au nombre de sept à huict cens, ensemble auroit faict abattre le dict chasteau.

Pendant que tel mesnaige se dressoit au pays de Poictou par les dicts camps des dicts sieurs d'Anjou et Prince de Condé, le Prince d'Orange (1) avecques grandes forces seroit entré par le pays de Champaigne pour bailler secours au Prince de Condé et seroit arrivé à Vitry. Pour empescher qu'il ne s'advançast davantaige et luy rompre chemin, les sieurs d'Aumale (2), Nemours (3) et plusieurs aultres, avec grandes forces seroient allez au devant de luy au dict lieu de Vitry.

Aussy le dict sieur d'Anjou pour empescher que le Prince de Condé ne montast pour se joindre avecques le dict Prince d'Orange, auroit passé la riviere à Chinon, et faict rompre tous les ponts et rompre les bateaux des rivieres.

---

(1) Guillaume Ier de Nassau, dit le Taciturne, fils de Guillaume, dit le Vieux, et de Julienne de Stolberg, prince d'Orange en 1544, fondateur de la république de Hollande, mort assassiné en 1584; il avait épousé la fille de Coligny.

(2) Claude de Lorraine, duc d'Aumale, troisième fils de Claude, duc de Guise, et d'Antoinette de Bourbon, né le 15 août 1526, colonel général de la cavalerie légère, lieutenant général au gouvernement de Bourgogne, tué d'un coup de canon au siége de La Rochelle, le 14 mars 1573.

(3) Jacques de Savoye, duc de Nesmours et de Genevois, né le 12 octobre 1531, mort le 15 juin 1585, fils de Philippe et de Charlotte d'Orléans-Longueville. Il avait épousé Anne d'Est, veuve de François de Lorraine, duc de Guise.

Au dict temps et au moys de décembre, le froid fust si fort que toutes les rivieres gelerent, et mesme devant Bourdeaulx la mer y gela et la glace y estoit de la hauteur d'ung homme et par suite de ce plusieurs navires furent submergez, et commença le dict froid le dixiesme du dict moys, jour de saincte Vallerie, et dura seulement quinze jours. 1568.

Aussy causant le dict froid et services qu'auroient faict les dicts deux camps au dict pays de Poictou, ceulx du camp du dict sieur d'Anjou auroient beaucoup souffert, ensemble les chevaux, pour faulte de vivres et fourrages, dont plusieurs en seroient mortz et autres contraincts se restirer en leurs maisons.

Advant toutes foys que le dict froid vinst et au moys de novembre, passast en la dicte ville de Sainct-Yriez le seigneur de Joyeuse (1) qui conduisoit de huict à dix mille hommes, tant à cheval que à pied, et le seigneur de Sarladoux estant colonel de l'infanterie, pour aller trouver le dict sieur d'Anjou et se joindre avec luy, comme il fist à Chauvigny, et séjourna en la dicte ville de Saint-Yrieiz puis le samedy jusques au lundy qui fust une grande foulle pour les habitans de la dicte ville.

Advant que le dict sieur d'Anjou eust passé la riviere, le dict Prince de Condé marcha vers Thouars qu'il prist, ensemble l'abbaye de Sainct-Florent où plusieurs des nostres furent tuez, et es-

---

(1) Guillaume, seigneur vicomte de Joyeuse, en Vivarais, de Saint-Didier, Puyvert, Arques et Covissac, capitaine de cinquante hommes d'armes, lieutenant général au gouvernement de Languedoc en 1575, chevalier du Saint-Esprit en 1578. Fils aîné de Jean et de Françoise de Voisins.

1568. tant à Thouars, voyant le dict Prince de Condé que le chemin luy estoit rompu pour monter en la France, le bruict fust qu'il venoit à Limoges avec déliberation de l'assieger et s'emparer entierement de la Guyenne, et de faict plusieurs du camp du dict Prince se seroient retirez et auroient marché dans les pays de Limosin et de Perigort avec quelques troupes, et mesme le capitaine Piles (1) seroit veneu jusques à Bregerat.

En mesme temps, le bruict aussy fust que les Viscontes (2), entre lesquels estoit le Visconte de Bruniquel, qui tenoient le parti du dict Prince de Condé, et ne fesoient moins de dégats au pays de Languedoc que le dict Prince au dict pays de Poictou, s'en venoient assieger la ville de Perigueux à mesme jour que la dicte ville de Limoges seroit par le dict Prince assiegée.

Quelques jours auparavant, le Seneschal de Perigort (3) avec quelques aultres cappitaines seroient allez devant Mucidan (4), qui tenoit pour ceulx de la dicte Religion, et y auroient demeuré quelque temps, et appres sans rien faire se seroient restirez et allez

---

(1) Armand de Clermont, seigneur de Piles, près Bergerac, l'un des plus vaillants chefs des protestants, massacré à la Saint-Barthélemy.

(2) Les vicomtes de Bruniquel, Gourdon, Montclar et Paulin, qu'on appelait les petits rois du Languedoc, chefs du parti protestant dans ce pays. On comprenait encore sous ce surnom les seigneurs de Caumont, Sérignac, Montégut et Rapin.

(3) André de Bourdeille, baron dudit lieu, La Tourblanche, Archiac, etc., fils de François et d'Anne de Vivonne de La Chastaigneraie, sénéchal et gouverneur de Périgord. Il était le frère aîné du célèbre abbé de Brantôme.

(4) Mucidan et Montpont étaient du domaine du roi de Navarre.

devant le chasteau de Mon-Paon, où ils auroient aussy peu faict que devant la ville de Mucidan. 1568.

Aussy en mesme temps, ayant le seigneur de Montluc, lieutenant pour le Roy en son pays de Guyenne, intelligence avecques quelques-ungs de ceulx qui estoient dans le fort de Blaye et sachant le mot du guet, de nuict y auroit envoyé certain nombre de gens pour le prendre et se saisir d'ycelluy, lesquelz desfirent les trois premiers corps de garde; toutes foys enfin estant descouverts furent repoussez par ceulx du dict fort, et ainsy que les nostres se restiroient en prisrent six de ceulx du dict fort qui s'estoient par trop advancez, desquels deux furent quelques jours appres executez à Bourdeaulx et sur le port et les aultres quatre sont encore déteneuz prisonniers.

Se craignant le dict sieur de Montluc du seigneur de Vailhac (1) qui estoit comme est encore capitaine

---

(1) Jean Ricard de Gourdon, seigneur de Vailhac et de Genouillac, fils de Jean et de Marguerite d'Aubusson, chevalier de l'ordre du roi, l'un des cent gentilshommes de sa maison, gouverneur du château Trompette et de la ville de Bordeaux. Il avait épousé Marguerite de Ségur de Pardailhan, fille de Pierre et de Catherine de Pellagrue, sœur de François, seigneur de Pardailhan, Sainte-Aulaye, Montazeau, gentilhomme de la chambre du roi de Navarre, surintendant de sa maison, chef de son Conseil en 1593. Ce n'était pas sous de vains prétextes que Montluc se méfiait de ce gouverneur, car, si l'on en croit l'historien Mézeray, en 1562, de concert avec son beau-frère de Pardailhan de Puch, il devait livrer l'entrée de la ville aux protestants dans la nuit du 25 au 26 juin. — Le président au Parlement de Bordeaux, de Belcier, dans sa harangue à Montluc, dit qu'à l'égard du château, « *on tient Vailhac pour suspect, parce qu'il est parent de Pardailhan, et qu'il a une parente qui ne fait qu'aller et venir de Blaye* (alors au pouvoir des protestants) *à Bordeaux.* » (Dom Devienne, tome 1er, page 157.)

1568. pour le Roy dans le chasteau Trompette, par le moyen de Madame sa femme, sœur des sieurs de Pardailhan, qui estoient de la suite du dict Prince de Condé, lui auroit mandé se retirer pour quelque temps afin de pourvoir au dict chasteau d'aultre capitaine pour la garde d'ycelluy, ce qu'il n'auroit voulu faire, desclarant qu'il estoit autant fidele subject du Roy et suffisant pour la garde du dict chasteau que le sieur de Montluc, et à la verité il l'auroit bien montré ez troubles precedents, et que en cette affaire il estoit autant saige et prudent que tout aultre de son aige.

Estant le dict bruict que le Prince de Condé faisoit courrir de prendre son chemin vers Limoges veneu aux oreilles du dict sieur d'Anjou, pour fortifier la dicte ville et s'assurer des dicts pays de Limosin et Perigort auroit envoyé le sieur des Cars, lieutenant pour le Roy ez dicts pays, lequel seroit arrivé en sa maison des Cars le penultiesme jour de décembre 1568, et quelques jours appres se seroit restiré en la dicte ville de Limoges pour mettre dans ycelle en garnison certain nombre de compaignies tant à cheval que à pied pour la défense d'ycelle.

1569. Le huictiesme de janvier 1569, Monsieur de Valier (1), conseiller en la Cour de Parlement de Bour-

(1) François de Valier, fils de Pierre, aussi conseiller au Parlement, fut l'un des plus ardents protestants du Parlement. Les registres secrets et les arrêts de la Cour s'occupent beaucoup de lui. (Arch. de la Gironde, B, janvier 1569.) Il était le beau-frère du célèbre conseiller Ferron, d'un parti opposé, que Montluc cite avec éloge, ce qui n'est pas peu dire, car il n'aimait pas les gens de robe.

deaulx, par arrest d'ycelle, fust executé en effigie 1569.
et ses biens confisquez, parce qu'il avoit suivy le dict Prince de Condé et prins les armes contre le Roy.

Au dict temps, le septier froment se vendoit 31 sols, le septier seigle 20 sols, le septier avoyne 15 sols et la charge de vin 3 livres 10 sols (1).

Le bruict que l'on avoit faict courir que le dict Prince de Condé venoit assieger Limoges se seroit trouvé aultre, car appres que les deux armées eurent deslogé des villes de Loudun et Chinon, ayant par quelques jours appres tenu les champs ez lieux circonvoisins, le dict Prince de Condé avecques ses forces se seroit restiré dans Angoulesme et aultres villes prochaines, fors de quelques trouppes conduictes par le dict sieur de Piles qui auroient prins leur chemin vers le pays de Perigort, et le dict sieur d'Anjou se seroit restiré à Poictiers et son armée ez lieux des environs.

Pendant que les dictes deux armées estoient ez dicts lieux, le dict sieur des Cars qui avoit esté envoyé au pays de Limosin, lieu de son gouvernement, pour prendre garde d'ycelluy, mesme que quelques jours auparavant les sieurs de Bonneval, Linards (2) et aultres gentils-hommes des quartiers du dict pays de Limosin tenant le party du dict Prince de Condé, s'estoient retirez en leurs maisons sans savoir l'occasion qui les avoit contrainct ce

---

(1) Froment, 15 fr. 50 c.; seigle, 10 fr.; avoine, 7 fr. 50 c.; charge de vin (116 litres environ), 35 fr.

(2) Foucaud de Gain, seigneur de Linards, fils de Pierre et d'Antoinette de Bonneval.

1569 faire, auroit envoyé en garnison les compagnies des sieurs de Neuville et Massez en la dicte ville de Sainct-Yriez, distant seulement du dict lieu de Bonneval de deux petites lieues, en laquelle arriverent le second jour de febvrier au dict an.

Aussy auroit le dict sieur des Cars mis ez aultres villes du Limosin garnison et mesme ez villes de Limoges et de Sainct-Leonard, et en voulant mettre en la ville de Sainct-Junien, ceulx de la dicte ville ne les auroient voulu recepvoir, dont furent quelque temps en peine par les menaces qui leur furent baillées par le dict sieur des Cars qui disoit les dicts habitans estre rebelles à la Majesté du Roy pour n'avoir voulu recepvoir les dictes garnisons.

Le lendemain trois du dict moys de febvrier que les dictes garnisons arriverent dans la dicte ville, passant les compaignies des gens à pied des sieurs de Limeuil le jeune (1), Cornilh, Condat et le jeune La Bourlhie (2), par ycelle pour s'en aller au dit pays de Perigort où elles estoient envoyéez pour la garde d'ycelluy par le dict sieur des Cars, les dicts sieurs de Neuville et de Massez avecques leurs compaignies les auroient conduicts pour leur faire escorte jusques à la ville de Perigueux.

Et parce que les habitans de la dicte ville de Perigueux ne voulurent recepvoir les dictes compaignies de gens à pied, furent contrainctz tenir les

---

(1) Galliot de La Tour, seigneur de Limeuil et Lanquais, fils de Gilles et de Marguerite de La Cropte, dame de Lanquais. Il appartenait à la grande maison de La Tour et fit son héritier le vicomte de Turenne, son cousin.

(2) François de Saint-Ours, seigneur de La Bourlie.

champs trois lieues prés la dicte ville pour quelques jours, pendant lesquelz advertiz quelques-uns de ceulx de la dicte Religion, les dictes troupes, conduictes par le dict sieur de Piles, se seroient assemblez, et une nuict sur la pointe du jour auroient couru sur eulx tellement qu'ils en auroient défaict une grande partie et mesme des compagnies des dicts Condat et Cornille, et le plus grand carnage de la dicte défaicte fut faict en un village appelé Flageat. 1569.

Apres que les dictes compagnies de gens à pied furent rompues, les dicts sieurs de Neuville et Massez aveeques leurs compaignies prisrent leur chemin pour se retirer en la dicte ville de Sainct-Yriez, où ils avoient laissé leurs bagages, et en se restirant, passant par la ville de Thiviers, prisrent prisonnier le juge d'ycelle (1) et un de la maison de Charle, qui avoient prins les armes contre le Roy, et en voulant prendre d'aultres qui tinrent fort dans la maison de Bastardie (2), le seigneur de Lauriere fust blessé d'un coup d'arquebuze qui fust laché par un de ceulx qui estoient dans la dicte maison, et sans le sieur de Pompadour (3), son frere, on eust mis le feu en la dicte ville de Thiviers.

Estant les dicts sieurs de Neuville et Massez arrivez en la dicte ville de Sainct-Yriez, séjournerent en ycelle jusques au second jour de mars au dict an,

(1) Thiviers était prévôté royale, comprenant un juge conseiller du roi, un lieutenant général de police et un procureur du roi.

(2) Maison fortifiée qui, en 1581, appartenait à Antoine Mosnier, seigneur de Planeaux et Bastardie.

(3) Jean de Pompadour, fils aîné de Geoffroy et de Suzanne des Cars.

1569. et pendant leur séjour n'y firent chose qui mérite d'escrire, sinon manger la poule sur le bonhomme et vivre à discretion, sans payer aulcune chose, qui fust un commencement de la ruyne de la dicte ville de Sainct-Yriez.

Le dict jour second de mars, les dictz sieurs de Neuville et Massez, avecques leurs compagnies, deslogerent de la dicte ville et s'en allerent en la ville de Nontron (1) pour y tenir garnison, par le commandement du dict sieur des Cars.

Cependant le dict Prince d'Orange se seroit advancé tant qu'il auroit pu d'entrer dans le royaume, et y ayant entré bien advant avec une grosse et forte armée et venu jusqu'au dict lieu de Vitry, adverty que le dict Prince de Condé s'estoit restiré en son pays de conqueste et n'avoit pu passer, par le moyen de l'empeschement qui lui avoit esté faict par le dict sieur d'Anjou, se voyant hors de toute esperance d'avoir secours du dict Prince de Condé, seroit esté contrainct se restirer et rompre son armée, ce que sachant le dict sieur d'Anjou auroit déliberez d'entrer dans le dict pays conquis par le dict Prince pour l'aller forcer de combattre, et pour ce faire auroit prins le chemin de Confolens où il auroit passé la riviere de Vienne, et d'ycelle passé la riviere de Charente pour se rendre à Verteuil, où il fust adverti que le dict Prince de Condé avecques son armée prenoit le chemin de Sainct-Jean-d'Angely, Sainctes et Cognac, en déliberation d'aller en la Gascongne pour se joindre avecques les forces des Viscontes, et

(1) Nontron, baronnie du domaine privé du roi de Navarre.

de là s'acheminer par le Languedoc et se rendre en la Bourgongne et Lorroyne pour trouver le Duc des Deux-Ponts (1) qui levoit des gens tant à cheval que à pied en bien grand nombre pour luy bailler secours. 1569.

Le dict sieur d'Anjou pour empescher telle déliberation repassa la dicte riviere de Charente et vinst prés la dicte ville d'Angoulesme, où fust adverty que partie de l'armée du dict Prince de Condé s'estoit acheminée à Barbezieux et Archiac, et desparais de leur entreprise repris le chemin de Cognac, ce que sachant le dict sieur d'Anjou avec extresme diligence vinst devant le chasteau de Chasteau-neuf, où commandoit un Escossais, qu'il prist le dix de mars au dict an, et le lendemain qui estoit le onziesme du dict moys, avecques son armée, marcha au dict Cognac, esperant d'y trouver partie de l'armée du dict Prince de Condé, lequel adverty de ce par l'aultre coté de la riviere deslogea du dict Cognac et se restira le soir à Jarnac, comme fist le dict sieur d'Anjou au dict chasteau de Chasteau-neuf.

Le lendemain douze du dict moys de mars au dict an, le dict Prince de Condé avecques toute son armée se vint porter sur un lieu haut (2) qui estoit sur le passage à une lieue et demie du dict Chasteau-neuf, où il demeura tout le dict jour et y coucha. Cependant le dict sieur d'Anjou qui avoit faict parachever

---

(1) Wolfang, duc des Deux-Ponts, fils de Louis II et d'Élisabeth de Hesse, de la maison palatine du Rhin, dont les diverses branches remontaient à l'empereur Étienne. Il était né le 26 septembre 1526 et succéda à son père en 1532.

(2) Coteaux de Bassac.

1569. quelque pont fist passer toute son armée en la mynuict (1), ce qui fust faict avecques telle diligence et promptitude que la montagne dès le matin fust par luy gagnée ; ce que voyant, le dict Prince de Condé se seroit restiré à un quart de lieue du dict lieu et en un villaige (2) auquel il campa avec sa dicte armée.

Bataille de Jarnac.

Et combien que le dict lieu fust par trop avantageux pour luy, d'autant qu'on n'y pouvoit aller qu'à la file et ung appres l'aultre, toutes foys le dict sieur d'Anjou fist descendre son armée en une plaine où estant soudain fust escarmouche attaquez bien roide, de telle façon que le dict Prince de Condé fust contrainct quitter un ruisseau et faire restirer ses gens à pied jusque sur ung aultre lieu, sur le bord d'un estang, où ils furent suiviz par le dict sieur d'Anjou jusques à la chaussée du dict estang, où il y eust une aultre grande escarmouche et beaucoup de gens tuez tant d'un coté que d'aultre (3).

Et voyant le dict sieur d'Anjou que de ce coté il ne pouvoit avoir aulcun advantage sur l'armée du dict Prince de Condé, ayant fait recognoistre un

---

(1) Vers la hauteur de Moulidars (canton d'Hiersac, arrondissement d'Angoulême).

(2) Village de Bassac, sur les bords de la Charente.

(3) C'est un récit, jusqu'à ce jour inédit, de la bataille de Jarnac, avec de nouveaux détails toujours précieux quand il s'agit d'un des faits les plus mémorables de l'histoire. Nous nous sommes transporté sur le champ de bataille de Jarnac ou plutôt de Bassac, et nous avons pu juger par nous-même avec quelle rigoureuse exactitude P. de Jarrige décrit la situation des lieux et donne la position des deux armées avant et pendant le combat. L'étang a disparu, mais l'on peut reconnaître encore des traces de la chaussée. Une petite pyramide triangulaire, rappelant cet épisode de nos guerres civiles, avait été élevée dans la plaine de Bassac. Elle a presque disparu aujourd'hui.

aultre chemin, promptement auroit faict passer par ycelluy son armée et laissé du coté de la dicte chaussée d'estang un régiment de reistres auquel il auroit commandé bailler au flanc s'il estoit besoin ; et s'estant apperceu le dict Prince de Condé du dict chemin pris par l'armée du dict sieur d'Anjou, auroit tourné teste en ycelle, et fort vivement les deux armées vinrent à la charge où les premieres des troupes du dict sieur d'Anjou fusrent renverséez ; furent neanmoins si bien soutenuez qu'appres avoir duré le combat quelque temps, y estant arrivé avecques sa troupe, le dict sieur d'Anjou qui avecques une furie grande auroit chargé l'armée du dict Prince de Condé, ycelluy Prince et plusieurs aultres capitaines et gentils-hommes de sa dicte armée seroient esté tuez et aultres prins prisonniers et le reste mis en fuite et poursuivis par trois lieues et jusques à à Jarnac, où le dict sieur d'Anjou leur fist quitter la place, en laquelle le dict jour qui estoit le treize du dict moys de mars il coucha, et les sieurs Admiral et d'Andelot se seroient restirez dans la ville de Sainctes avec ce peu qui leur resta de la dicte armée du dict Prince de Condé (1). 1569.

---

(1) Condé venait de se rendre, quand Montesquiou, capitaine des gardes du duc d'Anjou, l'assassina froidement d'un coup de pistolet. Ce fut à l'occasion de sa mort que ces tristes vers, si vers il y a, furent composés :

L'an mil cinq cens soixante neuf,
Entre Jarnac et Chasteau-neuf,
Fust porté bas sur une anesse
Ce grand ennemi de la messe.

Le corps du prince de Condé avait été, en effet, par dérision, mis sur un âne.

1569. Au dict temps, la quarte de sel se vendoit en la dicte ville de Sainct-Yriez 10 livres, qui estoit à raison de 60 livres la charge, chose n'ayant esté oncques ouïe (1).

En mesme temps que la dicte garnison de la ville de Saint-Yriez deslogea, aussi deslogerent les dictz sieurs de Bonneval, Linars et aultres de leur suite, pour s'aller joindre avecques le sieur de Piles qui s'en alloit vers les Viscontes pour les mener et conduire là par où la dicte armée du dict Prince de Condé seroit et se joindre avecques elle, ce que ne pouvant faire, voyant ce, seroient esté contrainctz s'en retourner, avecques les forces qu'il avoit, trouver le dict Prince de Condé; toutes foys avant pouvoir ce faire, le dict Prince de Condé avecques sa dicte armée auroit esté défaict.

Quelques jours apres la dicte défaicte, le dict Admiral se seroit restiré en la dicte ville d'Angoulesme et le dict sieur d'Andelot seroit demouré malade en la dicte ville de Sainctes où depuis seroit decedé, la mort duquel fust de grand regrest au dict Admiral.

Au commencement du moys d'apvril suivant et quelques jours advant Pasques, s'estant restiré le sieur de Bourdeilles, capitaine de cinquante lances des ordonnances du Roy, avecques sa compagnie au lieu d'Archiac, maison appartenant à sa femme (2),

---

(1) Quarte de sel, 10 livres, c'est-à-dire 100 fr. de notre monnaie. La quarte de sel équivalait à environ 30 livres et la charge à 220 livres, si l'on évalue la charge de sel du même poids que la charge de vin, qui contenait 110 litres environ.

(2) Jacquette de Montbron, dame d'Archiac, de Matha, etc., avait apporté en dot à André de Bourdeilles, sénéchal de Périgord, la vicomté de Matha et le marquisat d'Archiac.

en attendant que quelque chose se pustat (1) pour le service du dict sieur, adverty de ce, le seigneur de Bonneval et quelques aultres cornettes de la suite du dict Admiral qui estoient en la ville de Cognac délibererent, en feignant d'aller vers Angoulesme trouver le dict Admiral, bailler sur le dict sieur de Bourdeilles et sa dicte compaignie. Toutes foys estant venu aux oreilles du dict sieur de Bourdeilles que déjà le dict sieur de Bonneval avecques les aultres cornettes estoit aux champs, assembla ce qu'il pust de forces du dict sieur d'Anjou et alla droit au devant le dict sieur de Bonneval qu'il rencontra, et bailla dessus de sorte que le baron de Pierre-Buffière, capitaine d'une des dictes cornettes (2), y seroit esté tué, ensemble plusieurs aultres gentilshommes et aultres prins prisonniers, et le dict sieur de Bonneval avecques ce qui luy restoit fust contrainct en extrême diligence se restirer en la dicte ville de Cognac, où il seroit esté suivi jusque prés les fossez d'ycelle. 1569.

Appres ce, voyant le dict sieur Admiral, conducteur de la dicte armée du dict feu Prince de Condé, sous le nom des Princes de Navarre (3) et de Condé, fils du dict feu (4), ses forces fort diminuéez par le

(1) *Putast*, du verbe latin *putare*, penser.

(2) La cornette était à la cavalerie ce que l'enseigne était à l'infanterie. Elle comprenait cinquante à cent maîtres, chevau-légers ou hommes d'armes.

(3) Henri de Bourbon-Vendôme, fils d'Antoine, roi de Navarre, et de Jeanne d'Albret; il était né à Pau le 13 décembre 1553 et n'avait par conséquent que seize ans.

(4) Henri de Bourbon, prince de Condé, fils aîné de Louis et d'Éléonore de Roye.

1569. moyen des rencontres precedentes, en attendant les forces que le Duc des Deux-Ponts luy menoit, lesquelles le sieur de Mouy (1), accompagné de grand nombre de chevaux françois, seroit allé pescher jusque dans les Allemagnes, le dict sieur Admiral avecques ce peu qui luy restoit se seroit restiré dans les villes de leurs conquestes.

Cependant le dict sieur d'Anjou avec son armée auroit marché vers la ville d'Aubeterre en laquelle, apres l'avoir prise sans perdre que bien peu de ses gens, auroit séjourné par quelques jours, pendant lesquels une partie de sa dicte armée, conduicte par le dict sieur des Cars, seroit veneue devant la ville de Mucidan qui tenoit lors pour la Religion, laquelle il auroit assiegée, ensemble le chasteau d'ycelle, lieu autant fort que place du dict pays de Perigort, dans lequel commandoit un capitaine nommé le Chastard, et dura le siege l'espace de quinze jours ou environ ; toutes foys estant battus de tous costés, désesperez ceulx de dedans de tout secours, auroient mis le feu dans la dicte ville et se seroient restirez dans le dict chasteau, lequel enfin fust pris et tous ceulx qui se trouvoient dedans mis au fil de l'espée. Advant pourtant qu'il fust pris, au temps que les sieurs de Brissac et Pompadour (2) recognoissoient la forteresse d'ycelluy et bresches y faictes par le canon, furent tuez de coups d'arquebuzes

---

(1) Artus de Vauldray, seigneur de Mouy.

(2) Timoléon de Cossé-Brissac, fils de Charles, Maréchal de France, et de Charlotte d'Esquetot. Jean de Pompadour, fils aîné de Geoffroy et de Suzanne des Cars. Ils furent tués, dit Brantôme, par un soldat périgourdin fort adroit nommé Carbonnière.

lachez par des soldats estant dedans le dict chasteau, dont adverty le dict sieur d'Anjou appres la prise commanda qu'il fust rasé, ce qui depuis a esté faict et rendu ensemble la ville inhabitable (1). 1569.

Estant apres la défaicte de Mucidan veneu aux oreilles du dict sieur d'Anjou que le dict Duc des Deux-Ponts avecques son armée estoit bien avant dans ce royaume et au devant la ville de la Charité, auroit repris son chemin vers Confolens et de là par le pays de Berry pour empescher que le dict Duc de Deux-Ponts ne se vint joindre avecques le dict Admiral; toutes foys il ne pust tant faire, ni pareillement le Duc d'Aumale qui conduisoit une aultre armée pour empescher l'entrée du dict Duc des Deux-Ponts, que la dicte ville de la Charité, advant que le dict sieur d'Anjou arrivast à Bourges, ne fust prise par le dict Duc des Deux-Ponts et rendue en l'obeissance du dict Admiral sous le nom des dictz Princes.

Cependant le dict sieur des Cars, par le commandement du dict sieur d'Anjou, se seroit restiré au dict pays de Limosin pour pourvoir à ce qui seroit besoin pour la deffense d'ycelluy, lequel estant arrivé en sa maison des Cars se trouva malade comme le commun bruict fust. Toutes foys adverty que le dict Duc des Deux-Ponts s'approchoit et estoit prés de la ville de la Souterraine, aussy que le dict Ad-

(1) Montaigne, dans ses *Essais*, a consacré un chapitre à l'occasion de la prise de Mussidan intitulé : *L'heure des parlements dangereuse*. (*Essais*, chap. VI.) Ce fut, en effet, au moment où l'on parlementait pour la reddition de la place que l'armée du duc d'Anjou s'empara de Mussidan.

1569. miral avec toutes ses forces qu'il avoit restiré des dictes villes s'advançoit pour venir trouver le dict Duc des Deux-Ponts prés de la ville de Limoges, sans qu'aulcun s'apperceut d'un si soudain despartement, auroit deslogé de sa dicte maison avecques ses femme (1) et famille et restiré en un chasteau appelé Gimel, lieu assez propre pour ceulx qui ne désiroient estre vus au rang des gens d'honneur et de vertu (2).

Advant toutes foys le dict despartement, tout in-

---

(1) François de Pérusse, seigneur comte des Cars, avait épousé en premières noces Claude de Beauffremont, fille de Claude, seigneur de Secy et Sombernon, et de Jeanne de Vienne, et en secondes noces Isabeau de Beauville, veuve de Blaise de Montluc, Maréchal de France.

François de Pérusse commença par servir la maison de Navarre. Il a été accusé par les protestants d'avoir cherché à éloigner Antoine de Bourbon, roi de Navarre, de Jeanne d'Albret, sa femme, comme entachée d'hérésie. Plus tard il passa dans le parti des Guise. C'est la cause de la haine qui lui fut portée par les réformés, qui ont été jusqu'à lui contester sa noblesse. Ce qui paraît certain et ce qui est attesté par Nadaud *(Nobiliaire du Limousin)*, à son article sur François des Cars, c'est que, frappé de la prédiction d'un astrologue qui lui avait annoncé qu'il devait mourir d'un coup de pied de cheval, il fuyait toutes les occasions de se trouver dans un combat où il y avait de la cavalerie. Or, on s'explique la frayeur du seigneur des Cars à l'arrivée de l'armée du duc des Deux-Ponts en Limousin, armée composée pour la plus grande partie de *reistres* (cavalerie allemande). Cette frayeur, cette lâcheté furent poussées à un tel point que, venant d'être nommé par le roi gouverneur du Limousin, non-seulement il abandonne la ville de Limoges, siége de son gouvernement, mais encore il la dégarnit des deux compagnies des sieurs de Neuville et Massez, pour les appeler à la protection de sa personne, qui n'était nullement menacée étant en lieu sûr. Aussi ne peut-on que s'associer au jugement sévère mais juste que P. de Jarrige porte sur sa conduite.

(2) Le château de Gimel est, en effet, situé au fond d'une gorge étroite, dans un des endroits les plus sauvages et les plus inaccessibles du bas Limousin, aujourd'hui arrondissement de Tulle.

continent qu'il fust arrivé en sa dicte maison des 1569.
Cars (1), parce que le seigneur de Verteillac (2) qui avoit le gouvernement de la ville de Limoges estoit mort, en son lieu auroit mis le cappitaine Massez, homme de bonne conduicte et aultant expérimenté au faict des armes qu'aultre de son temps (3).

Au dict temps, estant le Roy et la Royne sa mere en la ville d'Orleans, advertis de la prise de la ville de la Charité, la dicte dame auroit prins son chemin pour venir trouver le dict sieur d'Anjou, son fils, ce qu'elle auroit faict accompagné des Cardinaulx de Bourbon (4) et de Lorroyne, prés Argenton, et ayant parlé avecques luy se seroit restirée avecques les dicts deux Cardinaulx en la ville de Limoges.

Le vingt-neuf de may au dict an, jour de Pentecoste, les compaignies du sieur des Cars et de Neuville seroient venuez en la dicte ville de Sainct-Yriez feignant y vouloir demeurer en garnison, toutes foys le lendemain qui estoit jour de foire se seroient restirez en la ville d'Uzerche pour de là aller trouver le dict sieur des Cars au dict chasteau de Gimel.

---

(1) Aujourd'hui bourg du canton de Chalus, arrondissement de Saint-Yrieix (Haute-Vienne). On y voit les imposantes ruines du château des Cars, démantelé bien avant 1789.

(2) Hector de Pontbriant, seigneur de Verteillac, Montréal et Capdeville, gouverneur de Limoges et sénéchal de haut et bas Limousin.

(3) A la cathédrale de Limoges, l'on voyait la sépulture de Mérigou de Massez, capitaine de cinquante hommes d'armes, gouverneur de Limoges, tué à la bataille de La Roche-l'Abeille en 1569. (Alloue, *Statistique du Limousin*.)

(4) Charles de Bourbon, appelé le cardinal de Bourbon, quatrième fils de Charles, duc de Vendôme, et de Françoise d'Alençon. Ce fut lui que les ligueurs, après l'assassinat d'Henri III, proclamaient roi sous le nom de Charles X.

1569. Estant au commencement du moys de juing suivant le dict Duc de Deux-Ponts prés la ville de la Souterraine, et les dicts sieurs d'Anjou et d'Aumale ez lieux de Sainct-Benoist-du-Sault, Sainct-Gaulthier et aultres lieux circonvoisins, le dict cappitaine du Massez seroit sorty de la ville de Limoges avecques quelques compaignies tant de cheval que de pied et alla en la ville de Sainct-Leonard qui est joignant la riviere de Vienne, pour empescher le passage d'ycelle au Duc de Deux-Ponts.

Toutes foys le dict cappitaine Massez ni pareillement les dicts sieurs d'Anjou et d'Aumale qui costoyaient l'armée du dict Duc de Deux-Ponts, ne purent tant faire que le dix du dict moys de juing le dit Duc des Deux-Ponts avecques son armée ne passast la Vienne prés Sainct-Priest-Taurion, laquelle ayant passée adriva le onze du dict moys au bourg de Nexon (1).

Et advant que le dict Duc des Deux-Ponts adrivast au dict bourg de Nexon, le dict sieur Admiral auroit prins le chasteau des Cars, dans lequel estant, sachant que le dict Duc de Deux-Ponts estoit au dict bourg de Nexon, seroit allé pour le recepvoir; toutes foys estant adrivé l'auroit trouvé mort, que luy seroit esté grandement facheux, mesme que sa mort auroit esté plus prompte et soudaine qu'on ne cuidait, car bientost appres qu'il fust arrivé en la maison de Me Anthoyne Hebrard et bu par troys

(1) Chef-lieu de canton, arrondissement de Saint-Yrieix (Haute-Vienne), à peu de distance du château des Cars, commune de ce nom, canton de Chalus, arrondissement de Saint-Yrieix.

fois à plein verre, un tremblement de membres 1569.
l'auroit saisi, tellement que sans le laisser bientost appres seroit decedé. Son corps depuis auroit esté porté en la ville d'Angoulesme (1).

Aussy quelques jours advant et le huict du dict moys de juing, les habitans de la dicte ville de Sainct-Yriez furent sommez par le cappitaine Noumens, de la part des dicts Princes et Admiral, de remettre les clefs de la dicte ville entre ses mains pour la mettre en l'obeissance des dicts Princes et Admiral, et le seigneur de Lajonchapt et moy, pour déclarer au dict Noumens la volonté des habitants de la dicte ville (lesquels envoyerent en mesme instant Me Hélie Bastier en la dicte ville de Limoges vers la Royne mere pour luy faire entendre la dicte sommation et la supplier de nous bailler secours, ce qu'elle refusa), fusmes commis et desputés.

Le dict jour onze de juing qui estoit jour de sainct Barnabé, le sieur de Bonneval envoya un nommé

---

(1) A la date du 30 juin 1571, le jeune prince de Navarre (depuis Henri IV) écrivit une lettre fort curieuse au duc de Brunswick, relative aux moyens de transport en Allemagne du corps du duc des Deux-Ponts. « Apres avoir soigneusement tenté toutes les secretes adresses et moyens que nous avons pu rechercher pour conduire honorablement et ainsi que la qualité d'un si grand prince le mérite, le corps de feu notre cousin, Mr le duc Wolfang, duc des Deux-Ponts, ... avons résolu, par l'advis et conseil du docteur Wolf, present porteur, qu'il n'y avoit chemin plus sur, ayant esgard à la malice et à l'injure de ce temps, que de le faire embarquer en ce port (La Rochelle, d'où la lettre est datée) pour le mener par mer en Allemaigne. » — Le duc des Deux-Ponts, d'après M. Verneuil-Puraseau (*Hist. d'Aquitaine*, tome I, page 252), serait mort le 18 juin à Nexon. Ses entrailles y furent inhumées, et une pierre de granit placée verticalement dans la terre, qui se voit encore près de la place publique, paraît être le lieu de cette inhumation.

1569. Plantadis, son fourrier, pour sommer de rechef les dicts habitans de remettre les clefs de la dicte ville entre ses mains, de la part des dicts Princes et Admiral, ce que ne voulant faire, le dict jour, environ l'heure de sept heures du soir, le dict sieur de Bonneval avecques sa compaignie, celle du feu sieur de Pierre-Buffiere et de Chasteau-neuf, ensemble celle du cappitaine Cigounat, estant au nombre de cinq ou six cens (1) tant à pied qu'à cheval, de pleine adrivée, sans y penser, prisrent les faux-bourgs de la dicte ville et en yceux logerent le dict soir.

Le lendemain jour de dimanche, douze du dict moys, ceulx de la dicte ville furent sommez la rendre, ce que ne voulant faire, fust l'assaut baillé et mis le feu aux portes de la dicte ville, et ce pendant qu'on les défendoit, aulcuns soldats conduicts par des habitans mesme de la dicte ville auroient passé les murailles d'ycelle à l'endroit de la maison de Ravalle et entrez dans la dicte ville, dont advertis les habitans et que l'armée conduicte par le dict Duc des Deux-Ponts s'approchoit avecques l'artillerie, n'ayant esperance d'aulcun secours, furent contraincts se rendre à la merci du dict Bonneval, qui les ayant receu à la charge de remettre les armes au lieu que par luy seroit ordonné, seroit entré dans la dicte ville avecques les susdictes compaignies le dict jour, environ l'heure de dix heures.

Lesquels entrez saccagerent et pillerent toutes les

(1) Les compagnies, dit Montluc (page 16, édition plus haut citée) etaient primitivement de 1,000 hommes, puis de 500, enfin furent réduites à 300 et même à moins, mais beaucoup plus tard.

églises et ycelles mirent par terre, et mesme les églises Sainct-Pierre, Saincte-Catherine, la Noualhe et la Chapelle, ensemble pillerent et saccagerent les maisons des gens d'église, et ceulx qu'ils trouvoient les meurtrissoient des morts les plus estranges que oncques on ouït parler. 1569.

Lorsque la ville fust prise j'estois dedans, et trouvai moyen par le secours de quelques miens amis me restirer hors d'ycelle tout en chemise et me restirai à Plaignes (1).

Le mardy quatorze des dicts moys et an adriva le seigneur de Boisgenod, mareschal du camp des Princes, pour loger le dict camp, ce qu'il fist, et séjourna en la dicte ville jusques au vingt-sept des dicts moys et an.

A l'adrivée du camp, les Princes n'y estoient et n'adriverent que samedy dix-huict des dicts moys et an, et advant leur veneue aulcun puis l'arrivée du camp n'auroit logé dans le rez de la dicte ville, lequel leur avoit esté gardé pour plus grande sureté de leurs personnes (2).

Pendant que le camp séjourna en la dicte ville, les Princes estrangers furent festoyez par les Princes, Admiral et aultres grands seigneurs de leur suite, fusrent baillez grands dons et présents aux dicts Princes estrangers et leur fust payé une grande partie de leur solde.

Aussy pendant le dict temps, parce que le bruict

(1) Village au sud de Lanouaille, arrondissement de Nontron (Dordogne).

(2) Voir la note 2, page 10.

1569. estoit que l'armée des dicts Princes vouloit aller à Limoges, mon dict sieur d'Anjou en toute diligence se restira du dict Limoges et vinst camper au bourg de la Roche-l'Abeille.

Escarmouche de La Roche-l'Abeille

Le samedy vingt-cinq des dicts moys et an, l'armée des Princes deslogea de la dicte ville en propos délibéré de bailler la bataille au dict sieur d'Anjou, et sans ce, que le jour fut obscur à cause d'une pluie qui dura tout le dict jour, y eust eu bataille. Cependant on s'escarmoucha, et fust l'escarmouche telle que le seigneur Strozzi (1) y fust prins et y furent tuez beaucoup de gens. Le lieu d'ycelle se nomme Mas-Goulet, prés l'Estang de Lagorce (2).

Estant decedé le Duc des Deux-Ponts, fust nommé pour conducteur de son armée le Comte Mansfeld (3), lequel on logea aux faux-bourgs de la foire et en la maison de Jehan Rebeyrol, le Prince de Navarre fust logé en la maison du seigneur de Lajonchapt (4), le Prince de Condé en la maison de l'éleu

---

(1) Philippe Strozzi, fils de Pierre et de Laodamia de Médicis, né en 1541, colonel général de l'infanterie française en 1563.

(2) Ce fut à ce combat qu'Henri IV fit ses premières armes.

(3) Vorald de Mansfeld, fils d'Albert de Mansfeld, l'un des principaux chefs du parti luthérien en Allemagne du temps de Charles-Quint, frère de Pierre-Ernest, qui au contraire était catholique et devint gouverneur du Luxembourg, puis des Pays-Bas.

(4) Jacques de Gentilz, seigneur de Lajonchapt, fils d'Hélie et de Léonne de Sanzillon-la-Foucaudie. Sa maison était située en face de la grande église. Elle devint vers 1600 la propriété de Pierre de Jarrige, seigneur de La Morelie, dont on voit les armes au-dessus de la porte d'entrée, et l'on y montre encore la chambre où le jeune prince de Navarre, depuis Henri IV, coucha le soir de l'escarmouche de La Roche-l'Abeille. Ce fait historique a été ignoré de tous les historiens d'Henri IV.

Chouly (1), et l'Admiral en la maison d'Yriez Tenant. 1569.

Le vingt-sept des dicts moys et an, voyant l'Admiral qu'il n'y avoit aulcuns vivres en la dicte ville ny ez lieux circumvoisins d'ycelle, se restira avecques l'armée des dicts Princes et prist son chemin vers Sarrazac, Thiviers, et de là s'en alla à Poictiers pour l'assieger.

Au temps que l'armée des dicts Princes adriva en la dicte ville, passa le seigneur de Montgoméry (2), prés ycelle et s'en alla accompagné de huit cens chevaux là par où estoit le seigneur de Terride qu'il trouva de rencontre qui assiegeoit une ville et le défist.

Aussy pendant le dict temps Niort qui avoit esté recouvert par ceulx du Roy fust reprins par quelques-uns tenant le party des dicts Princes, et y fust tué un vaillant capitaine nommé Flageat.

Appres le despartement du camp de la presente ville deslogea aussy le camp du dict sieur d'Anjou de la Roche-l'Abeille et alla jusque prés Brives, et adverty que l'armée de ceulx de la Religion prenoient leur chemin vers Poictiers, reprist son chemin par Treignac pour aller à Chatellerault.

Le camp deslogé de la presente ville, me voulant retirer en ycelle avecques quelques aultres estant

(1) Yrieix de Chouly, seigneur de Permangle, conseiller du roi et son élu en l'élection du haut pays de Limousin.

(2) Gabriel de Lorges, comte de Montgomery, fils de Jacques, capitaine de la garde écossaise, et de Claudine de Laboissière, succéda à son père dans cette charge sous Henri II, et eut le malheur de tuer ce prince en joutant avec lui dans un tournoi.

1509. avecques moy, fusmes prins par ceulx de la Religion entre Paysac et Plaignes et payasmes de rançon cinq cens livres (1).

Aussy le dict camp deslogé ne demeura en la presente ville aultre chose que pleurs et larmes de ce peu de peuple qui avoit eu moyen se sauver, avecques un désespoir de mourir de faim si Dieu n'y eust pourveu, parce qu'on ne laissa aulcuns vivres, ny fruits verts ny secs, soit en la dicte ville ou ez environs d'ycelle.

Le septier seigle qui ne se vendoit que 16 ou 17 sols (2) advant que le camp adriva, appres le despartement d'ycelluy se vendoit 10 livres à 10 livres 5 sols et la pinte de vin 4 sols (3).

La ville de Poictiers bientost appres fust assiegée par l'armée des dicts Princes, laquelle séjourna devant ycelle environ de six semaines sans rien faire, et estoit la ville soutenue et défendue par le Duc de Guyse (4) qui entra en toute diligence dedans.

Pendant le temps que la ville de Poictiers estoit assiegée, le camp du Roy adriva devant Chatellerault; toutes foys voyant qu'il n'y avoit moyen la recouvrer, Monsieur d'Anjou fist retirer son armée pour la rafraichir par quelques jours, et jusqu'à ce qu'estant adverty que Poictiers n'y pouvoit plus

---

(1) Ce qui fait 5,000 fr. au pouvoir actuel de l'argent.

(2) Septier seigle, 8 fr. et 8 fr. 50 c.

(3) Seigle, 100 fr. et 102 fr. 50 c.; pinte de vin, 2 fr.

(4) Henri de Lorraine, duc de Guise, surnommé le Balafré, fils aîné de François et d'Anne d'Est-Ferrare, né le 31 décembre 1550, tué à Blois le 23 décembre 1588.

par le moyen des vivres, de rechef auroit assemblé ses gens et faict semblant d'assieger le dict Chatellerault, dont adverty l'Admiral craignant le perdre auroit levé le siege de devant Poictiers pour l'aller secourir. 1569.

Bataille de Montcontour.

Le siege levé de devant Poictiers les deux armées estant prés de Chatellerault, voyant celle du dict sieur d'Anjou que le lieu n'estoit propre pour bailler bataille se seroit restiré, comme aussy auroit faict celle des Princes conduicte par l'Admiral, et estant venu en un lieu appelé Montcontour, voyant le dict sieur d'Anjou le lieu luy estre propice et favorable auroit baillé la bataille, et l'heur fust tel pour luy qu'avecques l'ayde et secours de Dieu, qui est le grand et magnanime chef des cappitaines et vray conducteur des armées, ayant le conflit duré par long temps, pendant lequel presque toute l'infanterie de l'armée du dict Admiral seroit esté défaicte, ensemble une partie de la cavalerie et le surplus mis en déroute; le dict sieur d'Anjou auroit obtenu la victoire le trois octobre au dict an.

Apres la défaicte de l'armée du dict Admiral, craignant estre poursuivy, il auroit faict en toute diligence restirer le sieur de Piles avecques quelques troupes de gens dans Sainct-Jean-d'Angely, et luy accompagné de ce peu qui luy auroit resté de son armée auroit pris son chemin vers le pays de Languedoc et auroit passé la riviere sur le pont de Bornes, prés ....

Cependant le dict sieur d'Anjou se saisit de Niort et aultres villes circumvoisines que ceulx de la Religion tenoient, et de tant que ceulx de Sainct-Jean-

1569. d'Angely ne se voulurent rendre le dict sieur l'assiegea, et y ayant demeuré le dict siege environ six semaines, ne pouvant le dict Piles plus tenir, par composition auroit rendu la ville au dict sieur. Toutes foys advant ce faire, quelques jours auparavant seroit esté tué le sieur de Martigues (1), vaillant cappitaine, dont fust grande perte et dommaige pour l'armée des Catholiques.

1570. Estant le dict Admiral avecques son armée entré au pays de Languedoc et adrivé prés la ville de Thoulouze au commencement de l'année 1570, le sieur d'Amville (2), Mareschal de France, qui tenoit pour le Roy la dicte ville, combien qu'il fust assez fort n'auroit voulu sortir par intelligence comme on disoit qu'il avoit avecques le dict Admiral, duquel il estoit cousin germain, tellement que l'armée du dict Admiral auroit grandement ruiné ez environs de la dicte ville.

Au commencement de la dicte année, le septier bled seigle se vendoit en la presente ville 30 sols, le septier froment 40 sols, le septier avoyne 20 sols, la charge de vin 3 livres ou 3 livres dix sols (3).

Ayant la dicte armée des dicts Princes, conduicte par le dict Admiral, demeuré par quelque temps au

(1) Sebastien de Luxembourg, vicomte de Martigues, duc de Penthièvre, fils de François et de Charlotte de Brosse, dite de Bretagne. Il était gouverneur de Bretagne et avait été surnommé le chevalier sans peur et sans reproches.

(2) Henri de Montmorency, seigneur de Damville, deuxième fils d'Anne, Connétable de France. Il était en effet cousin germain de l'Amiral Coligny, dont la mère était sœur du Connétable.

(3) Seigle, 15 fr.; froment, 20 fr.; avoine, 10 fr.; charge de vin (un hectolitre 16 litres environ), 30 et 35 fr.

dict pays de Languedoc, où elle se seroit grandement augmentée de forces, auroit prins son chemin vers le pays de Dauphiné et de là suivy le pays de Forey, et estant adrivé au pays de .... on auroit parlé de traicter paix, laquelle à la diligence du sieur de Biron, quelque temps appres et au moys d'aoust au dict an, le Roy estant à Sainct-Germain-en-Laye, seroit esté arrestée comme est contenue par l'édict de pacification sur ce faict (1). 1570. Troisième paix.

Au dict an 1570, au moys de may, le septier bled se vendoit en la presente ville, savoir : le septier seigle 45 sols, le septier froment 55 sols, et le septier avoyne 30 sols (2).

La paix arrestée, les armées se restirerent et ne se parla plus de guerre au pays de France, mais seulement de faire grande chaire.

Au moys de novembre au dict an, le Roy épousa dame Elizabeth d'Austriche, fille de Maximilien, empereur, à Mézieres. Je prie le Seigneur qu'il leur fasse la grace de vivre longuement et en repos ensemble.

En l'année 1571 ne se fist en France gueres choses qui méritent d'escrire, seulement se parla de dresser gens sous main pour recouvrer le pays et comté de Flandres tenu sous l'obeissance du roi catholique d'Espagne (3). 1571.

Au dict an et au commencement d'ycelluy, le bled

(1) Dite *boiteuse* et *mal assise*, parce que ses deux principaux négociateurs, le baron de Biron et le président de Mesmes, étaient, le premier boiteux, le second seigneur de Malassise.

(2) Seigle, 22 fr. 50 c.; froment, 27 fr. 50 c.; avoine, 15 fr.

(3) Philippe II, fils de l'empereur Charles-Quint et d'Élisabeth de Portugal, roi d'Espagne le 25 juillet 1554.

1571. n'augmenta en prix et demeura à mesme prix qu'il s'estoit vendu l'année precedente jusques au moys de may et sur le commencement du moys de juing qu'il se vendist, savoir : le septier froment 3 livres 10 sols, le septier seigle 45 sols et le septier avoyne 25 sols : aussy au dict an fust assez vin eu esgard aux années precedentes (1).

Au moys de novembre au dict an, j'envoyai mon fils Pardoulx de Jarrige à Bourdeaulx pour estudier ez lettres humaines, estant seulement de l'age de neuf ans et quelques moys. Je prie le Seigneur luy faire cette grace qu'il puisse avoir la connaissance d'ycelles pour et afin que quelque jour il puisse parvenir au rang et degré des gens vertueux, et à moy le moyen de l'y pouvoir entretenir pour en voir telle issue à l'honneur et gloire de mon Dieu et au repos et contentement de mon esprit et du peuple.

1572. Au commencement de l'année 1572, les propos que l'on avoit teneu l'année precedente d'envoyer gens sous main pour recouvrer le pays de Flandre furent executez, et furent conduicts ceulx qui allerent audict pays par certains cappitaines de France estant de la Religion, et le chef conducteur de l'armée estoit le Prince d'Orange. A leur adrivée furent prises quelques villes du pays, lesquelles bientost appres furent recouvertes par le duc d'Albe (2), gouverneur et lieuctenant au dict pays pour le Roy catholique d'Espagne.

(1) Froment, 35 fr.; seigle, 22 fr. 50 c.; avoine, 12 fr. 50 c.

(2) Ferdinand-Alvarez de Tolède, troisième duc d'Albe, l'un des plus célèbres généraux de son temps. Il était gouverneur des Pays-Bas.

Pendant que telles choses se magnoient en Flandre, l'Admiral estoit en cour prés la personne du Roy et à sa suite plusieurs aultres grands cappitaines de la Religion, par l'advis desquels le Roy entierement, comme il monstroit, se gouvernoit. 1572.

Les propos qu'on avoit tenus auparavant de marier Madame, sœur du Roy (1), avecques le Prince de Navarre fusrent continuez, et de faict les articles du dict mariage fusrent arrestez à Bloys le onze mars au dict an, la Royne de Navarre mere presente et contractante.

Quelques jours auparavant, adverty le Pape du dict mariage auroit envoyé vers le Roy une ambassade qui passa par Bourdeaulx pour l'empescher, ce qu'il ne pust faire.

Au dict an et sur la fin du moys de may et au commencement de juing, le septier bled froment se vendoit en la presente ville 7 livres 5 sols, le septier seigle 5 livres 15 sols, le septier avoyne 3 livres et la pinte de vin 2 sols, l'eyminal chastaignes 18 sols (2). Toutes foys auparavant il ne s'estoit vendu à tel et si grand prix et le commun de l'année fust 4 livres le septier froment, 3 livres ou 3 livres 10 sols le septier seigle, 40 sols le septier avoyne et 9 sols l'eyminal chastaignes (3).

---

(1) Marguerite de France, dite de Valois, fille d'Henri II et de Catherine de Médicis, née le 14 mai 1552, mariée à Henri IV le 18 août 1572, morte à Paris le 27 mars 1615.

(2) Froment, 72 fr. 50 c.; seigle, 57 fr. 50 c.; avoine, 30 fr.; pinte de vin (1 litre 8 décilitres), 1 fr.; éminal châtaignes (27 litres), 9 fr.

(3) Froment, 40 fr.; seigle, 30 et 35 fr.; avoine, 20 fr., et l'éminal châtaignes, 4 fr. 50 c.

1572. Au dict moys de juing, la Royne de Navarre estant à Paris se trouva malade, et ayant le huictiesme jour du dict moys faict son testament bientost appres deceda, et n'estoit present le Prince son fils, ainsy par les chemins pour se trouver au commencement de juillet à Paris pour parachever le dict mariage et ycelluy solemniser suyvant les articles d'ycelluy.

Bientost appres le décés de la Royne de Navarre, adriva le Prince son fils à Paris, et par le moyen du dict décés la solemnization du dict mariage fust differée jusques au moys d'aoust appres, auquel moys le dict mariage fust solemnizé, où assista le dict Admiral et plusieurs aultres grands cappitaines de la Religion.

Le vingt-deuxiesme d'aoust, estant le dict mariage solemnizé, ainsi que le dict Admiral sortoit du Louvre, traversant la rue pour se restirer en son logis, luy fust presenté un paquet, et ayant ycelluy pris, l'arregardant, luy fust rué un coup d'arquebuzade, duquel il fust blessé en un de ses bras.

Estant le dict Admiral blessé, se restira en son logis, où le Roy accompaigné de la Royne-mere l'alla voir et luy bailla partie de sa garde pour la sureté de sa personne, ensuite permit que tous les principaux de la Religion tenant le party du dict Admiral se retirassent prés luy, ce qu'ils firent, et furent logez en la rue et ez environs d'ycelle où le dict Admiral estoit logé.

Saint-Barthélemy. Le vingt-quatre du dict moys, jour de Sainct-Barthelemy, environ l'heure de quatre heures du matin, ayant le dict Admiral conjuré contre le Roy et sa couronne fust par certains personnages homicidé, se voulant saisir de sa personne, et rué des fenestres de son logis en bas; comme aussy furent les seigneurs de La Rochefoucauld (1), Teligny (2), Piles, Mouvans et plusieurs aultres grands seigneurs et cappitaines de sa suite. 1572.

Estant les habitans de Paris advertis de la dicte conjuration, s'éleverent contre ceulx de la Religion et en massacrerent environ de quatre ou cinq mille. Le semblable firent plusieurs aultres villes de France et mesme Orleans, Lyon, Thoulouse et Bourdeaulx, et entre aultres, de ceulx de Bourdeaulx furent tuez Messieurs de Guylloche (3) et Sevin (4), conseillers en la Cour.

Le massacre dura longtemps ez dictes villes, pendant lequel plusieurs de la Religion firent profession. Aussy fust pris le seigneur de Briquemaud,

(1) François III° du nom, comte de La Rochefoucauld, prince de Marsillac, fils de François II et d'Anne de Polignac, dame de Randan.

(2) Charles de Teligny, seigneur dudit lieu, Lierville, etc., lieutenant de la compagnie de l'Amiral Coligny, dont il avait épousé la fille (Louise de Coligny, fille de Gaspard et de Charlotte de Laval).

(3) Jehan de Guylloche, conseiller-clerc, prêta serment en cette qualité le 4 juillet 1543. Il appartenait à une ancienne famille parlementaire de Bordeaux, car on trouve également conseiller au même Parlement en 1472 Raymond Guylloche.

(4) Guillaume Sevin, également conseiller. — Le Parlement de Bordeaux comptait plus de dix conseillers qui avaient embrassé plus ou moins ostensiblement de nouvelles doctrines. Le massacre, dit Dom Devienne, commença par le meurtre de ces deux conseillers, dont les maisons furent mises au pillage. Il y eut deux cent soixante-quatre religionnaires de tués. Le premier président, Benoît de Lagebaton, originaire de l'Angoumois, n'échappa au massacre qu'en se réfugiant au château Trompette.

1572. et ayant esté ouï sur la dicte conjuration, par arrest de la Cour de Parlement de Paris fust comdampné à la mort, ce que depuis auroit esté executé.

Le vingt-sept octobre au dict an, par arrest de la Cour de Parlement de Paris, entre aultres choses le dict Admiral fust déclaré criminel de leze-majesté et perturbateur du bien et repos public et comme tel roturier et ignoble, ensemble sa postérité.

Aussy pendant le dict massacre les seigneurs de Montgomery et Vidame de Chartres (1) trouverent moyen estant dans Paris se sauver, et depuis se sont restirez en Angleterre.

Ceulx de la Religion qui ne voulurent faire profession se restirerent ez villes de la Rochelle, Montauban et Sancerre qui tenoient pour eux, dont le Roy adverty les envoya sommer de se rendre, ce que ne voulant faire dressa trois armées, l'une à la Rochelle de laquelle Mr le duc d'Anjou fust le chef et conducteur, l'aultre à Montauban conduicte par le sieur marquis de Villars, Admiral de France (2), et l'aultre à Sancerre conduicte par le sieur de La Chastre, et adverty que ceulx de la Provence s'estoient élevez, y envoya avecques un grand nombre de compaignies le sieur d'Amville, Mareschal de France (3).

---

(1) Jean de La Ferière, seigneur de Maligny, vidame de Chartres et seigneur de Confolens, par son mariage avec Louise de Vendôme, tante de François de Vendôme, mort sans postérité, à la Bastille, en 1562.

(2) Honorat de Savoie, marquis de Villars, comte du Tende et de Sommerive, second fils de René, comte de Villars, et d'Anne Lascaris, Maréchal de France en 1571, Amiral le 24 août 1572, après la mort de Coligny, chevalier du Saint-Esprit en 1578, mort à Paris en 1580.

(3) Henri de Montmorency, deuxième fils du Connétable Anne et de

1572.

Au dict an, fist un grand froid qui dura puis Sainct-Michel jusques à mi-mars, et fust tel que la mer sur la fin du moys de décembre gela devant Bourdeaulx, de sorte que les gens pour aller et venir de leurs navires marchoient sur la glace autant franchement que sur la terre.

1573. Quatrième guerre civile.

Au moys de janvier 1573, partist le dict sieur d'Anjou pour aller trouver l'armée devant la Rochelle, estant avecques lui Mr le duc d'Alençon (1), son frere, le Roy de Navarre, le Prince de Condé, les Ducs d'Aumale et de Guyse et plusieurs aultres grands seigneurs.

Pendant que le dict sieur d'Anjou fesoit battre la Rochelle, ayant les aultres armées faict bresche à Sancerre et en une ville appelée Caussade, prés Montauban, ayant baillé l'assaut, furent si vivement repousséez par ceulx qui tenoient dedans qu'elles furent contrainctes se restirer sans rien faire, et voulant le lendemain le dict sieur de La Chastre (2) de rechef faire délivrer l'assaut à Sancerre, les soldats refusérent y aller, tellement que le Roy adverty de ce fist executer dix hommes d'une chacune compaignie pour servir d'exemple aux aultres.

Apres que ceulx du dict sieur marquis de Villars

Madeleine de Savoie, né à Chantilly le 15 juin 1531, gouverneur du Languedoc en 1563, Maréchal de France le 10 février 1567, Connétable en 1593. Il passait pour favoriser les protestants.

(1) Hercule de France, nommé depuis François, duc d'Alençon, puis d'Anjou, quatrième fils d'Henri II, né le 18 mars 1554, mort le 10 juin 1584.

(2) Claude II de La Chastre, fils aîné de Claude Ier, seigneur de Lamaisonfort, et de Anne Robertet, gouverneur du Berry et Maréchal de France en 1594, décédé le 8 octobre 1614.

1573. furent repoussez de devant Caussade (1), les compaignies des gens de pied de son armée se restirerent en l'armée du dict sieur d'Anjou devant la Rochelle.

Le sieur d'Aumale pendant qu'on dressoit la batterie fust tué, dont fust grande perte pour les Catholiques, d'un coup d'artillerie par ceulx de la Rochelle (2).

Aussy furent les compaignies qui avoient esté envoyéez en Provence sous la conduicte du sieur d'Amville défaictes par ceulx de la Religion.

Au moys de mars au dict an, voulant passer quelques compaignies à pied et loger en la presente ville au retour de Caussade, par force et sans aulcune commission, furent vivement repousséez par les habitans de la dicte ville et contrainctes se restirer. Toutes foys, advant ce faire, en fust tué certain nombre des dictes compaignies, et de ceulx de la presente ville que seulement deux, l'un nommé Le Turc et l'aultre Pierre de La Caterine, et aultres deux blessez; et craignant les dicts habitans estre recherchez de ce, en diligence envoyerent par devers mon dict sieur d'Anjou, pour obtenir de luy une sauvegarde, ce qu'il fist.

Aussy au dict moys de mars fut envoyée une commission par le dict sieur d'Anjou à Limoges, pour cotiser par forme d'emprunt sur les aides de la dicte ville et aultres villes de la seneschaussée de Limosin la somme de 50,000 livres, et au despar-

(1) Caussade, petite ville très forte près de Montauban, l'un des boulevards du protestantisme.

(2) Tué le 14 mars 1573 d'un coup de canon. Il avait quarante-sept ans.

tement de la dicte somme en furent prins et nommez vingt-huict pour aides de nostre ville, entre lesquels je fus compris, auxquels fut imposée la somme de 2,500 livres à la nomination de Jehan de Jarrige, dict de Marcheys, mon bon cousin et compere, Jehan Leymarie, dict Joli-Jean, Me Jean Biaujeaud le jeune et Joseph de Vauve, qui se trouverent lors du dict despartement à Limoges. Je prie le Seigneur qu'il me preserve de ne tomber entre leurs mains, en plus grande chose. 1573.

Bientost apres les habitans de la dicte ville cotisez envoyerent vers le sieur d'Anjou le seigneur du Mas (1) et Me Pierre Chiquet, pour luy faire entendre le dict despartement et pauvreté de la dicte ville afin qu'il plust à Sa Majesté desclarer ycelle exempte du dict emprunt, ce qu'il fit, et par mesme moyen les villes d'Aixe, Chalus et Sainct-Junien.

Au dict moys de mars et la vigille de Pasques, on batist de telle furie la ville de la Rochelle, qu'on ruyna toutes les deffenses et mesme le fort qu'on appelloit de l'Evangile, et dura la batterie trois jours.

Aussy au dict moys, en la presente ville, le septier froment se vendoit 100 sols, le septier seigle 4 livres 10 sols, le septier avoyne 48 sols, l'eyminal chastaignes 15 sols et la pinte de vin 3 sols qui est à raison de 9 livres la charge (2).

---

(1) La seigneurie du Mas était située aux portes de la ville de Saint-Yrieix et appartenait à la maison de Gentils.

(2) Froment, 50 fr.; seigle, 45 fr.; avoine, 24 fr.; châtaignes, éminal (27 litres), 7 fr. 50 c.; pinte de vin (1 litre 8 décilitres), 1 fr. 50 c., soit 90 fr. la charge composée de 60 pintes (1 hect. 10 litres).

1573. Estant le sieur d'Anjou devant la Rochelle au dict moys de mars, luy fust envoyé par la noblesse du royaume de Pologne une ambassade pour luy faire entendre qu'il avoit esté esleu pour leur Roy et pour le supplier de l'accepter.

Le cinq d'apvril au dict an, deceda Me Anthoyne Bardon (1), agé de quarante-deux ans ou environ, licencié ez droict et advocat du Roy au siege presidial de Limoges, homme docte et savant tant ez lettres grecques que latines autant ou plus qu'aultre de son temps, bien experimenté en la praticque et de bon sens et jugement, tellement qu'il estoit estimé, tant *in judicando* que *consultendo*, le premier du dict Limoges. Je prie le Seigneur qu'il l'aye mis au nombre de ses esleus et appelé à sa dextre. Il m'estoit cousin germain et avions suivy les estudes ensemble.

Le sept apvril au dict an, fust baillé un assaut par les nostres à la ville de la Rochelle qui dura puis à cinq heures apres midy jusques à neuf heures, qui fust cruel et y mourust beaucoup de gens d'un costé et d'aultre et mesme le sieur de Clermont-Tallard (2), vaillant capitaine, qui fust grandement regretté par mon dict sieur d'Anjou, et sans ce que les ponts

---

(1) De son mariage avec Marie Lacure est né, en 1561, le bienheureux Bernard Bardon-de-Brun, qui fonda en 1598, à Limoges, les Pénitents noirs. — Il y a sa chapelle, et sa mémoire y est encore en grande vénération.

(2) Henri de Clermont, vicomte de Tallart, comte de Tonnerre, gouverneur du Bourbonnais et d'Auvergne, capitaine de cinquante hommes d'armes, second fils d'Antoine, vicomte de Tallart, et de Françoise de Poictiers de Saint-Vallier. Il avait été déjà blessé dangereusement à Jarnac.

rompirent, la dicte ville fust esté prinse. Au dict assaut fust jetté un grand et infiny nombre de feux gregeois qui porterent grand dommaige aux nostres. 1573.

Quelques jours auparavant, à une issue que firent ceux de la Rochelle, fust tué un fils du sieur de Losse (1).

Les dix-huit, dix-neuf, vingt et vingt et un des dicts moys et an, gela si fort qu'il ne demeura rien ez noyers et presque les fleurs des aultres arbres se perdirent, voire ce que les chastaigniers avoient jetté devint noir et apres tout en poudre.

Le dix-neuf du dict moys, qui estoit jour de dimanche, arriva au port de la Rochelle l'armée angloise pour secourir la ville, estant en nombre de cinquante-cinq vaisseaux bien armez, lesquels à leur adrivée firent la mine de combattre, toutes foys ne se voulurent attaquer à l'armée qui estoit sur mer pour Monsieur (2), laquelle les attendoit en bonne délibération de les combattre, et n'y eust pour lors que quelques coups de canon.

Le lendemain, l'armée de mon dict sieur se renforça de quelques vaisseaux et envoya deux galeres avec deux petits vaisseaux pour les escarmoucher, et sentant les ennemis que Monsieur estoit en volonté de les combattre, se restirerent à deux lieuës du port, duquel lieu le lendemain à la pointe du

---

(1) Pierre de Losse, fils puîné de Jean, seigneur de Bannes, Losse, Thonac, lieutenant général au gouvernement de Guyenne, et d'Anne de Puymartin.

(2) Monsieur, titre donné au frère ou à l'aîné des frères du roi de France.

1573. jour deslogerent, et n'a-t-on pu savoir depuis quel chemin ils auroient teneu. A l'escarmouche le mast du navirre de l'Admiral anglois fust coupé; aussy furent prins deux vaisseaux chargez de bled, vins, fleches et cordes.

Les habitans de la Rochelle voyant la diete armée angloise, se rejouirent grandement et firent feux de joie; toutes foys cela leur dura bien peu, et voyant les ennemis estant venuz à leur secours restirez, changerent de languaige et furent plus estonnez qu'ils n'avoient esté advant l'arrivée de la diete armée.

Le dict jour dix-neuf du dict moys, ceux de la Rochelle cuydant empescher l'arrivée de Monsieur afin que l'armée angloise eust plus grand moyen d'executer sa déliberation firent deux sorties, et à l'une d'ycelles le sieur de Cousans (1), vaillant homme et conducteur d'un régiment de la cavalerie de mon dict sieur, fust blessé en la teste, dont quelques jours apres deceda.

Le huictiesme may au dict an, un jour de vendredy, environ l'heure de dix heures du soir, deceda Marie Bardon, ma mere, laquelle pendant le temps qu'elle avoit vesen en ce miserable monde n'avoit voulu demeurer une heure en oisiveté; avoit en recommandation entre aultres vertus la charité, aimoit et servoit en oraisons et prieres Dieu qui la prospera en lignée, tellement qu'apres son déeez

(1) Claude de Levis, seigneur de Cousans et Lugny, chevalier de l'ordre du roi, capitaine de cinquante hommes d'armes de ses ordonnances, fils de Jean et de Jeanne de Chalençon.

elle auroit délaissé ou de ses enfants et des enfants de ses enfants .... personnaiges. Je prie le Seigneur qu'il l'aye arregardée de son œil piteux (1) et charitable et luy aye faict grace et pardon. 1573.

Sur la fin du dict moys, le sieur de Bornes ayant charge, comme il disoit, de dresser une compagnie de chevau-légers en nostre ville, délibera y venir, et de faict ayant assemblé quelques compagnies à pied et à cheval vint ez environs de la dicte ville et envoya La Brangelie (2), son lieutenant, pour sommer ycelle de le loger et permettre que sa dicte compagnie y fust dressée, ce que la dicte ville ne voulut permettre, aveques déliberation où il voudroit entreprendre d'y loger de l'en renvoyer, et craignant le dict sieur de Bornes estre repoussé se retira aveques les troupes qui estoient aveques luy.

Le bled commença augmenter en prix, car le septier bled seigle se vendoit sur la fin du dict moys, en la presente ville, 6 livres, le septier froment 6 livres 10 sols, le septier avoyne 52 sols et l'eyminal chastaignes 20 sols (3).

Sur le commencement du moys de juing, parceque ceux de Pologne avoient esleu pour leur Roy le dict sieur d'Anjou, ceux du dict royaume de Pologne qui avoient esté commis pour le venir querir s'estant acheminez pour ce faire, s'approcherent du pays de Lorroyne, dont adverty le dict sieur d'Anjou se Quatrième paix.

---

(1) Voir pour cette expression la note 1 de la page 5.

(2) Des Achards de Joumard, seigneur de La Brangelie, gentilhomme du Périgord.

(3) Seigle, 60 fr.; froment, 65 fr.; avoine, 26 fr.; l'éminal châtaignes (27 litres), 10 fr.

1573. délibera pour la volonté qu'il avoit de prendre chemin au royaume et pays de Pologne se retirer du camp de la Rochelle. Toutes foys advant ce faire, le Roy par le moyen et conduicte du dict sieur d'Anjou reçut à pardon ceux de la Rochelle et Montauban, lesquels se soumirent à l'obeissance du Roy, et demeura pour gouverneur de la Rochelle le sieur de Biron, Grand-Maistre de l'Artillerie de France (1).

S'estant restiré le dict sieur d'Anjou de devant la Rochelle et le camp levé de devant ycelle, le dict sieur d'Anjou prist son chemin vers Paris et fist acheminer l'armée des Suisses aveeques des compagnies françoises tant à cheval que à pied, sous la conduicte du sieur Jehan Galeas, comte de Jayas, vers le pays de Guyenne, pour remettre comme on disoit quelques chasteaux qui estoient rebelles sous l'obeissance du Roy (2).

Le bled augmenta en prix environ la feste de Sainct-Jehan et se vendist en la presente ville le septier bled seigle 8 livres 15 sols, le septier froment 9 livres 10 sols, le septier avoyne 3 livres 18 sols, et dura la dicte cherté environ un moys ou six semaines; toutes foys pendant le dict temps parfois

---

(1) Armand de Gontaut, baron de Biron, fils aîné de Jean et de Renée-Anne de Bonneval, chevalier de Saint-Michel, mai 1562 ; Grand-Maître de l'Artillerie de France, 3 février 1570 ; capitaine de cent hommes d'armes et gouverneur de La Rochelle, juin 1574 ; Maréchal de France, 1577 ; chevalier du Saint-Esprit, 1er janvier 1581 ; tué au siége d'Épernay, 26 juillet 1592.

(2) Galéas de Saint-Severin, comte de Cujazzo, avait été déféré à la sainte inquisition et réclamé par le roi de France, qui l'avait pris à son service.

le seigle ravala à 7 livres et 7 livres 10 sols pour défaut d'argent, lequel s'il fust esté si familier entre le peuple comme il souloit l'estre, le septier seigle se fust vendu plus de 15 livres (1). 1573.

Au dict temps fust grande famine tant au present pays que au surplus du royaume de France et commença dés le commencement du moys de may, tellement qu'il mourust grande quantité de peuple de faim, et furent contrainets ceux du pays de Lyonnais tuer tous leurs chiens, afin que les paubvres s'alimentassent de ce qu'ils pourroient manger.

A Bourdeaulx, au dict temps, on demeura certains jours sans trouver du pain à vendre. Causant la famine, qui fust plus grande au pays de Perigort qu'au pays de Limosin, grand peuple du dict pays de Perigort se retira au dict pays de Limosin et mesme en la presente ville, où il mourust grande quantité de paubvres, et furent contrainets ceux de la dicte ville faire garde aux portes afin que la ville ne fut infectée de la puantise des corps des dicts paubvres morts; et combien que la dicte ville deux fois le jour fist l'aumosne générale, toutes foys les paubvres estoient si exténuez à leur arrivée que tout incontinent qu'ils avoient prins le manger ils mouroient. On commit deux hommes pour les ensepvelir, lesquels estoient stipendiez de la ville.

Les fruicts au dict an, par le moyen du grand froid precedent, furent fort tardifs et on ne commença qu'à moissonner sur la fin du mois de juillet,

(1) Seigle, 87 fr. 50 c.; froment, 95 fr.; avoine, 39 fr.; seigle, 70 et 75 fr.

1573. et encore au commencement du mois d'aoust il y avoit grande quantité de bled tant seigle que aultre à couper.

Advant moissonner, le peuple ne trouvant aulcuns grains pour vivre fut contrainct couper une partie des bleds ores qu'ils ne fussent murs et faisoit de ce peu qui estoit dedans de la bouillie. Les cerises et prunes advant venir à leur maturité furent mangées.

Au dict an fut bien peu de fougeres au present pays, tant par le moyen du dict grand froid comme aussy les gens du dict pays auroient fossoyé les racines pour en faire du pain duquel ils vescurent, et pareillement de celuy qu'ils firent de chanabou (1), par le temps de six semaines en plus, comme je sais pour avoir parlé à une infinité de paysans du dict pays qui me l'affirmerent et l'avoir aussy vu.

Sur la fin du moys de juillet et le vingt-huit du dict moys, la dicte armée des Suisses conduicte par le dict sieur comte de Jayas arriva en la dicte presente ville et séjourna en ycelle par trois jours, qui fut une grande ruyne pour la dicte ville et lieux circumvoisins d'ycelle. La dicte armée estoit de nombre de huict à dix mille hommes.

Le vin qui se vendoit auvant l'arrivée de la dicte armée 3 sols et 3 sols et demy la pinte s'augmenta en prix et se vendist 4 sols et demy et 5 sols qui est à raison de 15 livres la charge, chose que du vivant et souvenance des hommes n'avoit esté ouïe (2).

(1) Graine du chanvre, chènevis.

(2) Pinte de vin (1 litre 8 décilitres), 1 fr. 50 c. et 1 fr. 75 c., 2 fr.

Apres que les moissons furent faictes, qu'on put recoupvrer des fruicts nouveaux, le bled ravala et ne se vendist le septier seigle que 2 livres, le septier froment 45 sols et le septier avoyne 20 sols (1). 1573.

Au dict an fut peu de vin par le moyen des grands froids et gelées qui avoient esté auparavant, tellement que la charge du vin nouveau sur le lieu se vendoit 10 livres et encore on n'en trouvoit pas (2).

Au mois de septembre au dict an, ceux de Provence envoyerent vers le Roy, ensemble d'aultres provinces du royaume, certains delegués pour démonstrer au dict sieur l'oppression en laquelle estoient ses paubvres subjects par le moyen des subsides qui leur estoient imposez, et supplier Sa Majesté y avoir esgard et les descharger d'une infinité de tailles extraordinaires qui leur estoient imposées et les remettre à ce qu'ils payoient du temps du feu Roy Louys (3). Ce pendant que les dicts delegués attendoient la response du dict sieur, le peuple se revolta au dict pays de Provence et surprirent au commencement du moys de novembre les villes de Marseille et Narbonne.

Au dict moys de novembre, le bled ravala et se vendist le septier bled seigle en la presente ville que seulement 22 et 25 sols, combien auparavant il se fust vendu 3 livres 2 sols (4).

---

25 c. et 2 fr. 50 c. — La charge, 150 livres, comprenant 60 pintes (1 hect. 16 litres).

(1) Seigle, 20 fr.; froment, 22 fr. 50 c.; avoine, 10 fr.

(2) Charge de vin prise sur place, 100 fr.

(3) Le bon roi Louis XII, surnommé le Père du peuple.

(4) Seigle, 11 fr. et 12 fr. 50 c. au mois de novembre, et un peu auparavant, 31 fr.

1573. Au dict moys et le quinziesme jour d'ycelluy, ayant restiré de Bourdeaulx quelques jours auparavant Pardoulx, mon fils, le renvoyai à Poitiers pour continuer ses estudes sous la charge de Maistre Yriez de Lafon jeune. Je prie le Seigneur qu'il luy envoie son Sainct Esprit et l'advance à la cognoissance des belles lettres à sa gloire et honneur et au repos et contentement du peuple.

Le huictiesme jour de décembre au dict an, environ six heures du soir, la lune estant presque en son plein vint toute rouge et perdit sa clarté ores que le temps fust beau et serein. et demeura en cest estat jusques apres l'heure de sept heures qu'elle recommença peu à peu à reprendre sa clarté et demeura éclipsée jusques à l'heure de huict heures et demy.

1574. En janvier 1574, parce que quelques jours auparavant y avoit eu tumulte entre les concitoyens de la ville de la Rochelle, le tout fut appaisé et les portes de la dicte ville ouvertes à tous allans et venans.

En febvrier au dict an et le vingt-deux du dict mois, de nuict, la ville de Sarlat, en Perigort, fut prinse par ceux de la Religion, que fut un grand dommaige pour le dict pays et pour le pays de Limosin, et fut la dicte ville prise par les viscomtes Bruniquel et cappitaines Vivant (1), La Boissière et Bonnaguil, conduicts par les habitans de la dicte

(1) Geoffroy de Vivant, l'un des plus célèbres chefs protestants du Périgord. Il avait été longtemps le lieutenant du fameux Armand de Clermont, seigneur de Piles, et après sa mort il le remplaça pour ses hardis coups de main.

ville, estant de la dicte Religion. A l'entrée le dict cappitaine Bonnagail (1) fut tué, comme aussy furent tuez quelques-uns de la dicte ville et en nombre de dix à douze. Quelques jours apres furent aussy prises par ceux de la dicte Religion les villes et lieux de Beaulieu, Veyrat, Montbalain et Montfort; aussy au dict temps furent prises les villes de Pons, Chasteau-neuf et plusieurs aultres villes du pays de Saintonge. 1574.

Le jour que la dicte ville de Sarlat fut prise, ceux de la dicte Religion avoient projetté de surprendre non par armes, mais par stratagesmes et aultres ruses de guerre, toutes les villes de Perigort et Limosin, ce que toutes foys ne fut executé, car la providence de Dieu fut telle qui ne veut perdre les siens que les habitans d'ycelles y pourvurent.

Le jour de mardy gras, qui estoit le vingt-deux de febvrier, estant le sieur de Losse (2) en son chasteau de Bannes, quey que soit en un jardin prés et joignant ycelluy, advertis de ce ceux de la dicte Religion, fut poursuivy par quelques-uns, que sans ce qu'il les descouvrit et promptement se jetta dans le dict chasteau ils l'eussent tué; et de faict ainsy qu'il se restiroit luy fut laché un coup de pistolade,

(1) N... de Roquetenil, seigneur de Bonnagail, pres Fumel, en Agenais.

(2) Jean de Losse, seigneur dudit lieu, Bannes, Thonac, Saint-Rabier, fils de Pierre et d'Anne de Saint-Astier, successivement gouverneur de Nancy, Marienbourg, Tours, Verdun et Bourges, gentilhomme de la chambre du roi en 1558, lieutenant général au gouvernement de Guyenne en avril 1574. Jean de Losse reçut plusieurs lettres d'Henri IV, dont il avait été le gouverneur.

1574. mais le canon se mist en pieces que fut cause qu'il ne receut de dommaige (1).

(1) Pierre de Jarrige continua d'ecrire son journal presque jusqu'à sa mort, car il expira un mois après, le 25 mars 1574, ayant fait son testament l'avant-veille. Il avait quarante-cinq ans, étant né le 1er mars 1529.

FIN DU JOURNAL
DE PIERRE DE JARRIGE.

SECONDE PARTIE

JOURNAL HISTORIQUE

DE

PARDOUX DE JARRIGE

FILS DE PIERRE

(1574-1591)

SECONDE PARTIE

JOURNAL HISTORIQUE

DE

PARDOUX DE JARRIGE

FILS DE PIERRE

(1574-1591)

Le vingt-cinquiesme mars 1574 et le jour de Nostre-Dame de mars, monsieur Me Pierre de Jarrige deceda, ayant esté en son vivant Viguier de Sainct-Yriez et ayant escript tout ce que dessus (1). 1574.

Le dix novembre 1579, la vigile de Sainct-Martin, deceda damoiselle Françoise du Breuilh, femme du dict Pierre de Jarrige, fille de Me Guillaume du 1579.

(1) Pardoux de Jarrige, au moment de la mort de son père, n'avait que treize ans. Aussi le commencement de son journal est-il une suite d'annotations commémoratives, écrites longtemps après la date qu'elles indiquent.

Breuilh, procureur en la Cour de Parlement de Bourdeaulx, et de Jacquette de Mallevergne, et sœur de Me Jehan du Breuilh, advocat en la dicte Cour de Parlement.

Memoire que le cinquiesme novembre l'an 1542, Anthoine de Jarrige, mon ayeul, fist son testament et fust repceu par Me Pierre Broussaud, lieutenant de noble Poncet Gentilz, pour lors Viguier en la Cour royale du commun paréage de Sainct-Yriez.

Nota que feu Monsieur et pere Maistre Pierre de Jarrige, en son vivant juge et Viguier de Sainct-Yriez, a faict son testament le vingt-troisiesme jour de mars 1574 et fust repceu par Me Anthoine Rouchaud, notaire royal.

1581. Le jour de Noel 1581, François de Lafon, fils à Me Pierre de Lafon, syndic et secretaire de Messieurs du Chapitre, chanta l'évangile à la messe de prime.

1582. Le vingt-deuxiesme apvril 1582, qui estoit Quasimodo, le dict François de Lafon chanta messe en la grande église et au lieu où on a accoutumé de dire la grand messe de la paroisse du moustier, et lui aidoient à celebrer la dicte messe Monsieur Me Françoys Fabry, Doyen du dict Sainct-Yriez, et Nicolas Operari, Théologal (1) du dict Sainct-Yriez,

---

(1) L'antique abbaye ou monastère de Saint-Yrieix, fondé l'an 572 par un pieux solitaire nommé Aredius, qui s'était établi au milieu d'une forêt appelée *Attanum*, comprenait autrefois trente-deux canonicats, dont les titulaires devaient être gradués et nobles. Au XVIe siècle, il ne se composait plus que d'un Doyen, seule dignité, avec deux prebendes y annexées, d'une Chanterie et d'une Théologale avec chacun une prébende y annexée, de neuf canonicats et six demi-prébendes à la nomination du chapitre. Le chapitre exposait au pape Martin V, en 1423, que leur eglise, *immédiatement* soumise au

et je fus bien malade ce jour là. Toutes foys je me levai pour entendre la dicte messe où assisterent de trois à quatre mille personnes, tant que l'église en estoit toute pleine (1). 1582.

Saint-Siège, était la seconde du diocèse après Limoges. Le Doyen ou Abbé était crossé, comme l'indique l'accord de 1307 avec le roi Philippe le Bel (exemplum decum Sancti Aredii, abbas habens sacerdotalibus cum crosse, *Ord. des rois de France*, tome XI. — Legros, *Mémoire sur les évêques du Limousin*). — Ce chapitre se maintint avec tous ses priviléges jusqu'à la Révolution. Il avait la seigneurie temporelle de la ville, qui s'étendait fort loin sur un grand nombre de terres, fiefs et seigneuries.

Nous donnons ici, telle qu'elle figure encore sur la plus ancienne cloche de l'abbaye, fondue en 1626, la nomenclature des Doyen, Chantre, Chanoines et prébendés à cette époque.

« Ont esté mes parrain et marraine :

Noble Paul de Jarrige de Lamorelie, Théologal, Doyen de cette église, et Marguerite de Jonssineau de Fayat, damoiselle du Puy-de-Beltes.

« Gabriel du Garreau du Puy-de-Beltes, Chantre, Anthoine de Jarrige, Anthoine de Lafon, Anthoine du Garreau, Jehan de Jonssineau de Tourdonnet, Helie de Jarrige de Lamorelie, Jehan Chiquet, Paul de Jarrige de Lamorelie, François de Lafon, Anthoine Labrouhe, Paul des Monts et Jehan de Lafon, Chanoines. — Des prebandés François de Lafon, Anthoine Labrouhe, Estienne Paignon, Jehan Personne, David Donoueville et Paul des Monts. De Lafon, secre. (secrétaire du chapitre). »

La seconde cloche du moustier Saint-Yrieix, fondue en l'an 1712, porte seulement :

« Ont esté mes parrain et marraine : P. de Jarrige de La Morelie, ecuyer, Seigneur des Biards, et Gabrielle de Chabrignat, dame de La Seignie. »

Le dernier qui fut investi de cette importante dignité, que les Comborn, les Gontaut-Biron, les Bourdeille, Salignac-Fénelon, etc., etc., n'avaient pas dédaignée, était encore un Jarrige, le troisième de son nom, Pierre de Jarrige de La Morelie du Puyredon, élu le 19 janvier 1767, mort sur les pontons à Rochefort, le 10 août 1794, comme prêtre insermenté. Deux autres La Morelie, chanoines du même chapitre, y périrent avec lui.

(1) La grande et magnifique église de Saint-Yrieix pouvait, en

1582. Le sixiesme de may 1582, jour de Sainct-Jehan l'Evangeliste, et en presence de noble Jacques de La Foucaudie (1), sieur du dict lieu, de Monsieur Maistre Pierre de Mallevergne, juge Viguier de la presente ville, de Monsieur Me Yriez de Lafon, lieuctenant du dict Sainct-Yriez, de Monsieur Me Paul Tenant, procureur d'office du dict Sainct-Yriez (2), de Monsieur

---

effet, contenir cette foule et même davantage. Bonaventure de Saint-Amable, dans ses Annales, nous donne la date de sa reconstruction : « Le 17 mai 1181, le corps du bienheureux Saint-Yrieix fut elevé de son mausolée, *à cause qu'on avait bâti de nouveau les murailles de sa basilique.* » Le savant abbé Texier l'a décrite ainsi : « Le stile gothique et le stile roman se fondent d'une manière heureuse dans la belle église de Saint-Yrieix. La porte méridionale, en ogive, est surmontée de fenêtres en plein cintre. Moulures et ornements des deux époques s'y mêlent de la même manière : tout y annonce la transition. » Ajoutons que de grands travaux de restauration, dus à une haute et légitime influence (M. le comte de Cardaillac, membre du conseil général de la Haute-Vienne et chef de division au ministère des beaux-arts) s'y preparent en ce moment, s'ils ne sont pas dejà commencés.

(1) Jacques de Sanzillon, dit de La Foucaudie, écuyer, seigneur de Douilhac, paroisse de La Rochette, pres Saint-Yrieix, fils de Guillaume et de Marie de Paléyrac.

(2) Nous avons là l'ennumération complète des magistrats composant la Cour royale du commun pareage de Saint-Yrieix. Le Viguier, rendait seul la justice, sans assesseurs, en présence du procureur du roi et du chapitre ; il était remplacé en cas d'empêchement par son lieutenant. Il réunissait toutes les attributions civiles et criminelles qui appartiennent aujourd'hui aux tribunaux de première instance (avec de nombreuses modifications, bien entendu). Les sentences rendues par le Viguier ne relevaient que du Parlement de Bordeaux. La Viguerie de Saint-Yrieix se maintint jusqu'à l'édit du 18 décembre 1749, où elle fut remplacée par une Sénéchaussée. Limoges, Tulle, Brives, Uzerche et Saint-Yrieix formaient les cinq grandes juridictions du haut et bas Limousin. La dignité de Viguier fut en quelque sorte héréditaire pendant deux cents ans dans la maison de Jarrige La Morelie, jusqu'à sa suppression. (Voir à la fin, notice sur cette famille.)

Me Pierre de Lafon, notaire praticien et syndic, de Messieurs du Chapitre, de Jehan de Jarrige et son fils, de Pierre de Jarrige et de plusieurs aultres, je fianciay Françoise Garreau, fille de Monsieur de La Bachellerie et niepce du dict sieur de La Foucaudie, et fusmes fiancez par Monsieur Me Anthoine Labrouhe, curé de la grande chapelle de la foire, en la maison du dict sieur de Mallevergne, mon oncle. 1582.

En marge est écrit :

Le 5 aoust, jour de Nostre-Dame des Anges 1636, environ l'heure de trois heures apres midi, est decedee la dicte Françoise Garreau, mon epouse, et le lendemain, jour de la Transfiguration, environ l'heure de six heures, fut ensepvelie dans le vaz que j'ay faict faire dans l'église Sainct-Pierre, dans les murs, moyennant la permission de Messieurs du Chapitre de la présente ville, et mon cousin le chanoisne Lafon fist le service. Je prie Dieu qu'il luy plaise l'avoir prise à mercy (1).

---

(1) Legros, dans son savant mémoire sur les chapitres du Limousin, page 475, nous donne l'inscription suivante, qui complète cette note de Pardoux de Jarrige : .

Dans le fond de l'église Saint-Pierre à Saint-Yrieix, on lit :

CETTE CHAPELLE ET VAS Y ENCLOS
ONT ESTÉ FAICTS FAIRE PAR PARDOULX DE
JARRIGE S[r] DE LA ROBERTIE ET M[re] ANT
OINE DE JARRIGE PRE ET CHAN[e] DE LA PNTE
VILLE PERE ET FILS PAR LA PERM
ISSON DE MESS[rs] DE LAD. VILLE PAR CO
TRACT REÇU Mre YRIES DE LA
FON NOT[re] ROYAL DE LAD.[te] VILLE LE
15 OCT[re] 1618. JOB[e] CHX MEMETO QUE
SO DNE QUOD SICUT LUTU FUERIS
ME ET IN PULVEREM REDUCES ME

Au-dessous, l'écusson de cette famille, moins la croix, ajoutée par les seigneurs de La Morelie.

1582. Le vingt-quatre juing 1582, jour de Sainct-Jehan-Baptiste et sur le matin, la dicte Françoise Garreau, ma fiancée, et moi fusmes épousés en la grande église par Mᵉ Laurent Robert, curé de la paroisse du moustier, en presence de Monsieur François de Lafon, curé de la Rochette, mon cousin, Monsieur Mᵉ Yriez de Lafon, lieutenant, Pierre de Jarrige, fils de Jehan de Jarrige, mon oncle, Guillaume Garreau, frere de ma dicte épousée, Adrien Garreau, oncle d'ycelle, et de plusieurs aultres hommes et femmes (1).

Nota qu'en l'an 1582 nostre Sainct-Pere le Pape osta de la dicte année et au moys d'octobre dix jours, et ces dix jours en France fusrent ostés en décembre, tellement que quand on fust au neufviesme du dict moys de décembre et que le lendemain l'on comptoit le dixiesme, il fallust par cet abbregé que l'on comptast au lieu du dixiesme le vingtiesme, et ce jour fust commandé la vigille de Sainct-Thomas, et le lendemain aussy que l'on devoit compter le onziesme, l'on comptast le vingt et uniesme, et ce jour mesme fut solemnizé la feste de Sainct-Thomas, et ainsi conséeutivement fallust compter, tellement que trois jours apres la dicte feste de Sainct-Thomas fust aussy solempnizé Noel et fust compté pour le vingt-cinquiesme, et de là à huict jours fust

---

(1) Françoise Garreau ou du Garreau était fille de Jean, seigneur de La Bachellerie, et de Anne de Sanzillon de La Foucaudie, nièce de Jacques de Sanzillon, seigneur de Douillac, paroisse de La Rochette, fief près de Saint-Yrieix. — La famille du Garreau obtint lettres confirmatives de noblesse, mai 1658. (*Mainteaue de noblesse du Limousin*, par Daguesseau, 1666.)

la Circoncision et par conséquent le premier du mois de janvier de l'an 1583. 1582.

Soit memoire que depuis le septiesme de décembre 1582 jusqu'au neufviesme janvier 1583 ne cessat de pleuvoir, et plut de telle sorte qu'il fust dict n'y avoir d'homme vivant qui eust veu tant durer l'eau, qui entra dans le moulin appelé d'Enpraatz (1) jusqu'au troisiesme degré et passa sur les planches du dict moulin un pied. Au dict an aussy et la vigile de Noel, celebrée le quinziesme de décembre et comptée le dict jour pour le vingt-cinquiesme du dict mois de décembre, de matin fust foudroyé le clocher des Carmes à Bourdeaulx. 1583.

Le jeudy vingt-six apvril 1584, heure de neuf heures apres midy, Monsieur Mr Anthoine de Jarrige, chanoisne de la presente ville, estant au premier degré apres Messieurs les Doyen et Chantre, deceda subitement apres avoir soupé joyeusement et n'estant aucunement malade et fist héritier mon oncle Marquet Lafon. Je prie Dieu qu'il veuille avoir mercy de ses fautes. 1584.

Le dixiesme d'octobre du dict an et jour de mercredy, fusrent par le commun populaire nommez Maire et Eschevins, savoir :

Mr Martial Disnematin, apoticaire, pour Maire.

Et sire Jehan Meytraud, aux Ayres,

Mr Joubert,

Mr Moignon, notaire en la ville,

---

(1) Moulin d'En-Pratz ou mieux des Prats, situé sur la petite rivière de la Loue, au-dessous de l'étang de Baudy. Il existe encore et est converti en moulin à faire la pâte pour la porcelaine.

1584 Me Jehan Gondinet,

Mr Jehan Boste, dict du Faniat, en la foire,

Pour Eschevins.

1585. Depuis le premier jour de may 1585 jusqu'au cinquiesme juing au dict an, plust si fort et incessamment que l'eau montoit au dessus des planches qui sont devant le moulin d'Enpraatz, de la hauteur d'un pied.

Aussy au dict an et le huict de juing, le septier froment se vendist en cette ville 3 livres 3 sols, et le septier seigle le plus commun 54 sols et le plus haut 55 sols, l'eyminal avoyne 10 sols et l'eyminal chastaignes 10 sols (1).

Nota que Catherine Chouly (2), fille de Monsieur Maistre Yriez Chouly, Eleu (3) pour le Roy en son élection du haut pays de Limosin, espousa Pierre

---

(1) Froment, 16 fr. 75 c.; seigle, 14 fr. 15 c.; éminal avoine (28 litres 50 centilitres), 2 fr. 65 c.; éminal châtaignes, 2 fr. 65 c. (Toujours les calculs de Leber.)

(2) Catherine de Chouly, fille d'Yrieix de Chouly, sieur de Permangle et son premier elu au haut pays de Limousin, et de Marguerite de Gimel-Paluel. — Pierre de Jarrige etait cousin germain de Pardoux, et l'on voit ici se reveler l'une de ces petites jalousies, malheureusement si fréquentes entre proches parents. Pierre de Jarrige, en effet, commençait à jouer un rôle important à Saint-Yrieix, et il devait bientôt absorber dans sa personne les charges de Viguier, tresorier général de France, gouverneur de la ville, etc., etc.

(3) Les Élus etaient les officiers qui composaient le corps de l'election, tribunal administratif et judiciaire etabli dans chacune des circonscriptions qui, sous le nom d'élection, se partageaient le territoire du royaume. Leurs attributions consistaient dans la repartition de l'impôt entre les collectes ou paroisses et dans le jugement de toutes les demandes en décharge ou réduction de taille. L'election du haut Limousin comprenait tout le departement de la Haute-Vienne et partie de ceux de la Creuse et de la Corrèze.

de Jarrige le vingt-neuf septembre 1581, et ce jour- 1585.
d'huy, premier novembre 1585, elle a pris le chaperon de velours, chose qui ne fust esté trouvée si fort estrange si lorsqu'elle l'épousa elle l'eust pris, ou si elle eust attendu qu'elle eust eu du mesnaige (1), ou si son mari eust eu quelque estat.

Le deux de novembre au dict an, le septier froment se vendist 3 livres 12 sols, le septier seigle 3 livres 5 sols, l'eyminal d'avoyne grosse 12 sols, de la petite 8 sols, l'eyminal chastaignes vertes 10 sols 6 deniers, la quarte de sel 7 livres, la pinte de vin ordinairement 2 sols 6 deniers (2).

Le dix-neuf de novembre au dict an, Monsieur de Blanchefort, nepveu de Monsieur de Chasteau Bouchet, abbé de Sainct-Martin, et gendre de Monsieur de Fressinet, mourust sur le soir et tomba malade le douze du dict mois, et ce, d'une chute de son cheval, duquel il en avoit trouvé six cens escus (3) en temps de paix; en voulant courir un sanglier, le cheval tomba de si grande force qu'il mourust sur la place. Le corps duquel sieur de Blanchefort fust mené à Angoisse et passa aux faux-bourgs de Sainct-Yriez, auquel en passant par les dicts faux-bourgs fust faict grand honneur et fort regretté.

Le vingt-cinq janvier 1586, le septier froment se 1586.

---

(1) Mesnaige, expression locale, qui signifie avoir un ou plusieurs enfants.

(2) Froment, 10 fr.; seigle, 17 fr. 25 c.; éminal (28 litres 8 centilitres) avoine grosse, 3 fr. 20 c.; petite, 2 fr. 15 c.; éminal châtaignes vertes, 2 fr. 70 c.; la quarte de sel, 37 fr.; la pinte de vin (1 litre 8 décilitres), 65 c.

(3) 600 écus, soit 1,800 liv., plus de 10,000 fr.

1586. vendist 5 livres 4 sols, le septier seigle 4 livres 5 sols, l'avoyne au mesme prix que dessus, l'eyminal chastaignes séches 12 sols, la pinte d'huile 14 sols, la quarte de sel 8 livres 15 sols et 9 livres, la pinte de vin à la broche 3 sols et la charge menée par coutaulz 5 livres (1).

Le trente et un du dict mois et an, Messieurs de Sainct-Pardoux et de Sainct-Mathieu vinrent loger en cette ville, lesquels conduisoient l'argent pour souldoyer l'armée de Monsieur du Mayne (2) par le commandement du dict sieur, savoir Monsieur de Sainct-Pardoux celui d'Argenton qui montoit à 800,000 livres menées dans cinq chariots, et monsieur de Sainct-Mathieu celui de Sainct-Leonard qui montoit à 30,000 escus menés sur des mulets, et partirent le lendemain qui estoit le premier février et s'en allerent loger à Tourtoirac pour de là s'en aller trouver le dict sieur du Mayne à Montignac, où il estoit avec l'armée.

Le quinze mars au dict an, le septier froment se vendist 5 livres, le septier seigle 4 livres 15 sols, l'eyminal avoyne menue 8 sols, la grosse 16 sols et 20 sols, la pinte huyle 18 sols, la charge de vin 6 livres 10 sols, le quintal foin 10 sols, le quintal paille 4 sols, le quintal fer 5 livres, la charretée de bois chastaigner 18 sols conduicte en cette ville

---

(1) Froment, 27 fr. 75 c.; seigle, 22 fr. 30 c.; eminal châtaignes sèches, 3 fr. 20 c.; pinte d'huile, 3 fr. 75 c.; quarte de sel, 46 fr. 45 c.; pinte de vin, 80 c.; charge de vin, 26 fr. 70 c.

(2) Charles de Lorraine, duc de Mayenne, deuxième fils de François et d'Anne d'Est-Ferrare, né le 26 mars 1554, pair, Amiral et grand chambellan de France, chef de la Ligue après la mort de ses frères.

et du chesne 22 et 23 sols, la quarte de sel 9 livres (1). 1586.

Memoire que le vingt-trois apvril au dict an Monsieur Me Yriez Mazeau, Chantre (2), chanta messe estant jour de mercredy sans aucune cérémonie, mais presque à cachette, lequel peu de mois auparavant avoit esté repceu chanoisne et Chantre du Chapitre du moustier Sainct-Yriez, le pere duquel avoit esté boucher, lui-mesme aussi boucher, puis notaire et apres marchand, et maintenant chanoisne, Chantre et prestre.

Le dix-sept may au dict an, le septier froment s'est vendu 6 livres 10 sols et 6 livres 15 sols, le septier seigle 5 livres 15 sols et 5 livres 18 sols, l'eyminal de la grosse avoyne 25 sols et de la menue 15 ou 16 sols, l'eyminal chastaignes séches 23 sols, celui des noix autant (3).

Le quatre juillet au dict an, jour de vendredi et Sainct-Martin et le dix-huit de la lune, le temps estant fort véhément en pluies et tonnerres, de sorte que le lendemain matin les eaux furent aussi grosses que presque de cette année, car montoient jusques aux planches du moulin d'Enpraatz. Entre neuf et

---

(1) Froment, 26 fr. 70 c.; seigle, 25 fr. 35 c.; éminal avoine *menue*, 2 fr. 15 c.; grosse, 4 fr. 30 c.; pinte huile, 4 fr. 80 c.; charge de vin, 34 fr. 70 c.; quintal foin (50 kil.), 2 fr. 75 c.; quintal paille, 1 fr. 05 c.; quintal fer, 26 fr. 70 c.; charretée de bois châtaignier, menée en ville, 4 fr. 80 c.; charretee de chêne, 5 fr. 70 c.; quarte de sel, 48 fr. 15 c.

(2) Nous savons par la note de la page 84 que le titre de Chantre etait la seconde dignite du chapitre.

(3) Froment, 34 fr. 70 c.; seigle, 30 fr. 70 c.; avoine grosse (eminal), 6 fr. 50 c.; menue, 4 fr.; châtaignes, 5 fr. 80 c.; noix, idem.

1586. dix heures apres midy, deceda Me Pierre de Lafon, secretaire de Messieurs du Chapitre, notaire et praticien de la presente ville, lequel avoit esté prins quelques jours auparavant en s'en allant en la compaignie de Me Anthoine Labreuhe, prestre et curé de la grande chapelle de la foire, à Brives pour décider des affaires de la chanoisnie, de feu mon oncle le chanoisne Jarrige et la cure de Sarlande, estant retourné de captivité le douziesme jour appres sa prise, ayant payé cent cinquante livres de rançon (1), et mourust en fort homme de bien, ayant parlé jusques au dernier soupir, et laissa trois fils et quatre filles. Je prie Dieu qu'il le veuille avoir mis en son sainct royaume celeste.

Le vingt et un septembre au dict an, le septier froment a valu 4 livres, le septier seigle 3 livres 10 sols, l'eyminal avoyne grosse 12 sols, la menue 6 sols (2).

Le douze décembre au dict an, jour de samedy, entre cinq et six heures de l'appres-midy, Monsieur Me Martial Meytraud, licencié ez droicts, advocat en la Cour de Parlement de Bourdeaulx et juge de Jumilhac (3), estant à table, ayant presque soupé, mourust subitement, sans avoir esté auparavant malade, et ce, à cause de vomissements de sang qu'il rendist tant par la bouche que par le nez, et ne demeura pas demi-heure à rendre l'esprit à

(1) 800 fr. environ de notre monnaie.

(2) Froment, 21 fr. 35 c.; seigle, 18 fr. 65 c.; éminal avoine (28 litres 50 centilitres) grosse, 3 fr. 20 c., et la menue, 1 fr. 60 c.

(3) Jumilhac-le-Grand, actuellement chef-lieu de canton de la Dordogne. — C'était une juridiction très importante, qui s'etendait partie en Limousin et partie en Perigord.

Dieu, lequel je prye qu'il veuille avoir en compas- 1586.
sion de ses fautes et l'avoir trouvé en bonne disposition, d'autant que c'étoit un fort homme de bien et bien mon ami, à laquelle susdite judicature parvint Mᵉ Yriez de Lafon, lieutenant de Sainct-Yriez.

Le dix janvier 1587, le septier froment s'est vendu 1587.
6 livres et 6 livres 3 sols, le septier seigle 5 livres 1 sol et 5 livres 4 sols, l'eyminal de l'avoyne menue 14 et 15 sols, l'eyminal chastaignes vertes 8 sols 6 deniers et 9 sols, celui des séches 10 et 12 sols, la pinte huyle de noix 12 sols, celle du bon vin communement 4 sols 4 deniers, et la charge telle que les coutauz (1) amenent ordinairement 6 livres 10 sols et 7 livres 10 sols, la quarte de sel 5 livres 16 sols (2).

Le huict aoust au dict an, entre onze heures et douze heures avant midy, est decedé Monsieur Mᵉ Pierre de Mallevergne, licencié ez droicts, juge et Viguier de Sainct-Yriez, oncle maternel de ma feue mere, Françoise du Breuilh, et fust enterré au moustier du dict Sainct-Yriez et aupres du puits de la dite église (3), le lendemain jour de dimanche,

---

(1) Les *coutaux* étaient les gens des *coteaux* du bas Limousin qui amenaient le vin dans des outres à dos de mulet, non pas seulement à Saint-Yrieix, mais à Limoges et la plus grande partie du Limousin. Cette industrie subsistait encore il y a trente ans.

(2) Froment, 32 fr. et 32 fr. 80 c.; seigle, 27 fr.; eminal avoine menue, 3 fr. 75 c.; châtaignes vertes, 2 fr. 15 c.; châtaignes sèches 2 fr. 65 et 3 fr. 20 c.; pinte huile de noix, 3 fr. 20 c.; pinte bon vin, 1 fr. 20 c.; charge de vin, 31 fr. 70 c. et 40 fr.; quarte de sel, 31 fr.

(3) Ce puits existe encore, mais en partie fermé. Ces puits étaient

1587. à vespres, estant de l'age de quatre-vingts ans ou environ, n'ayant que demeuré au lict depuis le dimanche matin le plus prochain precedant son décés.

Le quatorze des dicts mois et an, jour de vendredi, entre huict et neuf heures du soir, fust tué devant sa maison frere Nicolas Operari, Théologal (1) de la presente ville, lequel ne pust jamais parler pour déclarer les meurtriers et fust fort regretté de toute la ville, parce que c'étoit un fort homme de bien, et fust ensepveli au devant le grand autel du moustier Sainct-Yriez. Je prie Dieu qu'il veuille avoir eu merci de ses fautes.

1588. Le samedy vingt-trois janvier 1588, le septier froment se vendist en la halle de la presente ville 4 livres 13 sols, le septier seigle 3 livres 12 sols, l'eyminal de la petite avoyne 9 sols et de la grosse 14 sols, l'eyminal chastaignes vertes 10 sols et celluy des séches 12 sols, la quarte sel 4 livres 10 sols, la pinte huile de noix 10 sols, la charge de vin 8 livres ou 8 livres 10 sols (2).

1589. Le vingt de mars 1589, le blé froment se vendoit communement 50 sols et le septier seigle 30 sols,

---

fort utiles quand les eglises servaient de lieu de refuge aux populations des campagnes et même des villes. — Dans le chœur de l'abbaye de Saint-Yrieix, l'on voit encore une partie des fenêtres fermées et munies de meurtrières.

(1) La Théologale, d'après Legros, etait la troisième dignité du chapitre.

(2) Froment, 23 fr. 60 c.; seigle, 19 fr. 20 c.; eminal petite avoine, 2 fr. 40 c., et la grosse, 3 fr. 75 c.; châtaignes vertes, 2 fr. 70 c.; sèches, 3 fr. 20 c.; quarte sel, 22 fr. 80 c.; pinte huile de noix, 2 fr. 70 c.; charge de vin, 42 fr. 65 c. et 45 fr. 40 c.

l'eyminal avoyne 8 sols la grosse et 6 sols la petite, l'eyminal chastaignes tant vertes que séches 7 sols, la quarte de sel 4 livres, la pinte huile de noix 16 sols, la livre d'huile d'olive 8 sols, la charge de vin 7 livres 10 sols, la pinte en détail 3 sols et 3 sols 6 deniers (1). 1589.

En cette mesme saison et le quinze du present mois, la ville de Sainct-Yriez (2) fust mise sous l'obeissance du sieur de Rastignac (3), par les menées et trahison de Pierre de Lafon, fils de Me Anthoine, Dominique de Lafon, fils de feu Me Pierre, de Jehan et René Lafon freres, fils de Marquet Lafon, et d'un nommé Truffin de la Nouaille, cousin germain des-

---

(1) Froment, 13 fr. 35 c.; seigle, 8 fr.; avoine grosse, 2 fr. 15 c.; petite, 1 fr. 60 c.; châtaignes, 2 fr.; quarte de sel, 21 fr. 20 c.; pinte huile de noix, 4 fr.; livre d'huile d'olive, 2 fr.; charge de vin, 40 fr.; pinte en détail, 80 c.

(2) Quelques jours auparavant, un evénement considérable pour l'histoire de Saint-Yrieix etait survenu. Il nous est atteste en ces termes par Pardoux Roch, en son vivant greffier de la cour royale de la ville de Saint-Yrieix :

« Le jeudy neufviesme mars mil cinq cens quatre-vingt-neuf, Monsieur l'Esleu Chouly et Mr Pierre de Jarrige se saisirent de la presente ville avec force d'armes, disant que ceux de la Ligue se vouloient emparer d'ycelle, et le dict jour mesme la dicte ville fust mise entre les mains des habitans d'ycelle, qui promirent de la garder sous l'obeissance du Roy. » « Signé : P. Roch. »

Collation, extrait et vidimus fait par Thouron, not. royal, le 30 juin 1665, sur le manuel et papier journal dudit feu Mr P. Roch, à lui exhibé et représenté par messire Jean Roch, prestre et curé de l'église Sainct-Pierre de la Nouailhe, hors les murs de la ville de Saint-Yrieix.

(3) Jean Chapt de Rastignac, seigneur dudit lieu, marechal des camps et armees du roi, chevalier de son ordre, capitaine de cinquante hommes d'armes de ses ordonnances, fils aîné d'Adrien et de Jeanne de Hautefort. Il était, avec le vicomte de Pompadour, l'un des principaux chefs de la Ligue en Limousin.

1589. dits René et Jehan, qui saisirent les portes moyennant la faute de Messieurs, quoique ce soit de la plus grande partie, et de Monsieur Gravier, qui avoit esté esleu Viguier de la dicte ville par les dicts sieurs, de laquelle prise sont accusés Messieurs Maistres François Fabry, Doyen, Hélie Leymarie, chanoisne, François de Lafon, aussy chanoisne.

Le quatre may au dict an, Anne de Lévy, comte de La Voulte (1), accompagné de Messieurs de Sedieres (2), de Noailles (3) et de beaucoup d'autre noblesse, vinrent devant la presente ville de Sainct-Yriez, cuidant en faire sortir le sieur de Rastignac, et lors craignant le dict sieur de La Voulte qui estoit gouverneur pour le Roy en Limosin, je sortis de la ville et m'absentay d'ycellé, qui fust cause que les gens du dict sieur de Rastignac et principalement les habitans de la ville pillerent ma maison et n'y laisserent rien; que fust une grande playe pour moi, ayant tout mon bien en ycelle, n'en ayant pu faire sortir rien de dedans. Je me retirai à Douillac (4) où

---

(1) Anne de Levis, comte de La Voute, fils aîné de Gilbert, comte, puis duc de Ventadour, et de Catherine de Montmorency (fille du Connétable Anne). Il était, comme son pere, gouverneur du haut et bas Limousin. Il fit son entrée à Limoges en cette qualité au mois d'août 1590.

(2) Pierre de Sédières, chevalier de l'ordre du roi, fils de Dominique et d'Anne de Pierre-Buffière, marié, en présence du roi, le 17 mai 1571, à Marthe de Noailles, fille d'Antoine et de Jeanne de Gontaut.

(3) Henri de Noailles, seigneur dudit lieu, Ayen, Chambres, Montclar et Malemort, gentilhomme de la chambre du roi le 3 juin 1583, capitaine de cinquante hommes d'armes le 18 juin 1585, comte d'Ayen en 1592. Il était fils aîné d'Antoine, gouverneur de Bordeaux, et de Jeanne de Gontaut.

(4) Douilhac, fief sis paroisse de La Rochette, pres Saint-Yrieix,

je demeurai jusqu'au trois febvrier 1590 que le dict 1589.
sieur de Rastignac quitta la dicte ville, moyennant 4,000 livres que la ville lui bailla, pour lesquels recoupvrer du sieur des Cars, la plus grande partie des habitans s'obligerent de 4,500 livres, pour le principal de la somme et interests d'ycelle.

De toute cette année, le blé n'augmenta de prix et ne valust le blé froment que communement 50 sols et 3 livres au pis-aller, et le seigle 40 sols, la grosse avoyne 12 sols et la petite 8 ou 9 sols (1).

Le douze de mars et un mardy, à la pointe du 1591.
jour, l'an 1591, le sieur Louys de Pompadour (2) nous vint assieger, assisté des sieurs de Montpezat (3), de Rastignac, de Sainct-Chamans (4) et d'aultres seigneurs, avec un gros canon, une longue couleuvrine et la piece de Limoges (5) qu'il avoit ostée auparavant au sieur comte de La Voulte (6); auquel siege

---

appartenant à Jacques de Sanzillon de La Foucaudie, oncle de Pardoux de Jarrige.

(1) Froment, 13 fr. 35 c. et 16 fr.; seigle, 10 fr. 65 c.; grosse avoine, 3 fr. 20 c.; petite, 2 fr. 15 c.

(2) Louis, vicomte de Pompadour, baron de Treignac, chevalier de l'ordre du roi, fils de Geoffroy et de Suzanne des Cars, chef de la Ligue en Limousin.

(3) Melchior de Lettes des Prez, seigneur de Montpezat et du Fou, gouverneur et sénéchal du Poitou, chevalier de l'ordre du roi et son lieutenant en Guyenne, fils d'Antoine, Marechal de France, et de Liette du Fou.

(4) Antoine de Saint-Chamans, seigneur du Pescher, fils de Hélie et de Jeanne de Hautefort.

(5) La pièce de Limoges, dite la Marsalle. — Il est souvent question de cette grosse pièce dans les chroniques du temps. Les mots latins : *inania pello*, étaient gravés sur la culasse.

(6) Quelque temps auparavant, les royalistes, commandés par le comte de La Voute, avaient été surpris par les ligueurs, dans une

1591. estoient aussi les régiments et compagnies des sieurs de Montréal, Laburie, Le Pouget (1) et Peyrot (2), frere du dict sieur de Rastignac; Puygeroux, gendre de Jehan Tenant, maistre de la forge de Baudy, ayant son quartier aux Ayres; celui de Montréal, à la poterne, du costé de ma maison; le reste de l'infanterie estoit logé aux faux-bourgs des Barris et de la foire. La premiere batterie fust dressée dans le jardin à Jehan Rouchaud, dict Languenaudon, pres de mon jardin de Dalon, où fust posé le gros canon et la couleuvrine, d'où ils battoient depuis la maison de Louys Personne jusques à ma tour, prennant toute la maison et galerie de Pierre Salvanet, patissier de la presente ville. Ils commencerent le jeudy au soir quatorze du dict mois et tout le vendredy quinze aussi du dict mois. Le premier coup qui fust tiré, frappa en haut de ma maison et au grenier bas d'ycelle, et ayant percé la muraille du dict grenier, vint percer la butte de la cheminée; toutes foys ayant faict le trou ne pust passer dans ycelluy, mais tomba dans le dict grenier mesme, et ez deux jours fust tiré de sept à huict vingt coups de canon.

Durant aussy les dicts jours, ils fisrent une autre batterie à la maison de Panthenie (3) avec la piece

---

embuscade près du château de Béchadie (commune de Jourgnac) et taillés en pièces. Toute leur artillerie tomba au pouvoir du vicomte de Pompadour, chef des ligueurs.

(1) Antoine du Pouget, seigneur de Nadaillac, marié à Catherine Chapt de Rastignac.

(2) Peyrot Chapt de Rastignac, second fils d'Adrien et de Jeanne de Hautefort, seigneur de Laxion, Saint-Jory et autres lieux.

(3) Fief appartenant à la famille de Gentils, et qui consistait dans

de Limoges qui n'y fist rien. Ils l'avoient mise dans une petite grange appartenant à Marie Garreau, veufve à feu Me Martial de Lafon, qui estoit joignant la maison des hoirs de feu Me Hélie Garreau, notaire en son vivant de la presente ville. 1591.

Le dix-neuf du dict mois, ils remuerent les pieces dans la maison et jardin de Me Antheine Rouchaud, prés le portail de chez Cédar, et pour les faire passer rompirent le bas de la maison. Ils battirent tout ce jour si furieusement que la bresche étoit suffisante pour venir à l'assaut, comme de faict ils y vinrent, mais grace à Dieu ils fusrent bravement repoussés avec grande perte des leurs. De nostre coté y mourust ce soir, durant le dict assaut, Pardoulx Sauve à qui un boulet d'une des grosses pieces emporta la teste. Il y fust tué aussi un gentilhomme italien nommé le sieur César, escuyer de Monsieur de Chamberet (1), lequel sieur de Chamberet de sa grace se vint jetter dés le jeudy de bon matin, quatorze du dict mois, accompagné d'une centaine de soldats, une partie desquels estoit des gardes du sieur Comte de La Voulte, nostre gouverneur, avec leur cappi-

---

une maison située où est l'hospice actuel de Saint-Yrieix, près la place des Hors.

(1) Louis de Pierre-Buffière, baron de Chamberet, fils de François de Pierre-Buffière, chevalier, vicomte de Comborn, baron de Châteauneuf, de Treignac et Peyrat-le-Château, et de Jeanne Chabot, tué par son cousin le vicomte de Pompadour, en 1505; il était lieutenant du gouverneur. « *Jeune gentilhomme,* dit de Thou, *qui avait toutes les qualités du corps et de l'esprit,* et qui *joignait à beaucoup de courage et de politesse beaucoup de pénétration et d'habileté.* » Il devint gouverneur de Limoges en 1591, et y fit son entrée solennelle l'année suivante. Mort en 1596.

1591. taine, appelé le capitaine Vincent de Tulle. Il y avoit aussi en la compagnie du sieur de Chamberet de ceux de Treignac, entre lesquels y avoit un nommé le cappitaine Bernard. Ycelluy seigneur de Chamberet estoit fils de celuy qui fust tué par le sieur de Pompadour à Bourdeaulx et prés l'archeveschè de la dicte ville, comme a esté par devant dict en l'an 1565 (1).

Plus fust tué durant le dict assaut François Deladoyre, frere de Noel, dit Leblanc, et un nommé Michau Blanchard, orfesvre de Limoges; le dict assaut fust baillé le dict jour, entre quatre et cinq heures apres midy.

Le lundy empres, vingt-cinq du dict mois, ils remuerent les trois pieces et les mirent dans la grange de Monsieur de Langalerie (2), située prés l'église Sainct-Pierre de la Nouailhe, hors les murs de la presente ville, et de là ils battirent le portail de la ville, où fust tiré cent moins deux ou trois coups de canon sans faire aultre chose que rompre un coin de la dicte porte et celuy qui regarde la dicte grange; ils pensoient abattre la dicte porte pour nous empescher de sortir pour secourir la maison de Panthenie qui estoit aussy tenue par nous.

La batterie fust faicte le vingt-six du dict mois, et

---

(1) Voir la note 2 de la page 17.

(2) Noble Yrieix de Gentils, seigneur de Lengaleyrie (petit fief situe à Saint-Yrieix), fils de Jacques et de Marguerite de Salignac, se fixa en Angoumois, fut gouverneur de Cognac; devint par sa femme, Anne Giraud, seigneur de La Mothe-Charente. D'eux descendent les marquis de Langallerie, qui ont fourni deux lieutenants généraux aux armées du roi.

voyant qu'ils n'y faisoient rien, ils remuerent le vingt-sept dudict mois les pieces et mirent le gros canon dans ladicte maison des hoirs dudict feu Me Helie Garreau, et pour ce faire rompirent le chapial au droict de la cheminée, et remirent dans la dicte grange de la dicte Marie Garreau, joignant la dicte maison, la piece de Limoges; la couleuvrine se rompist. Et de là ils battirent durant les vingt-huict et vingt-neuf du dict mois la dicte maison de Panthenie, de façon qu'ils rompirent le chapial de la dicte maison, ensemble un aultre qui estoit par derriere d'ycelluy dans la dicte maison, et la muraille de la basse-cour d'ycelle jusques à terre; et deux ou trois foys s'efforcerent de venir à l'assaut, mais ils furent toujours repoussez vivement et y perdirent plusieurs de leurs gens. Et voyant qu'ils n'y pouvoient rien faire, le trente du dict mois ils menerent les pieces à la ...., et de là le dernier du dict mois, jour de dimanche, de bon matin, le dict sieur de Pompadour leva le siege, bien honteux de n'avoir pu rien faire de ce qu'il avait proposé, mais : 1591.

Ce que l'homme propose en son entendement,
L'Eternel le dispose en soi tout aultrement.

Il avait délibéré, étant stimulé et sollicité par les traitres de leur patrie sus-nommés, en la prise d'y celle par le sieur de Rastignac.

Y estoit aussi audict siege et contre la pauvre ville, oultre les susnommez, le dict sieur de Lafon, lieuctenant de la dicte ville. Accusé aussi de la trahison François Mazeau, fils de Me Yriez Mazeau,

1591. chantre de la dicte ville, Yriez Lavaud, Pierre Gondinet, Noel Gondinet, dict patissier, gendre du dict Lavaud, Louys Personne et beaucoup d'aultres portant les armes.

FIN DU JOURNAL
DE PARDOUX DE JARRIGE.

NOTES

NOTES

I.

Notice sur la maison de Jarrige de La Morelie, Viguiers de la ville de Saint-Yrieix pendant six générations (1563-1730), seigneurs de La Morelie, Puyredon, Les Biards, Masvieux, La Guyonie, La Rochette, etc., etc.

PREMIÈRE BRANCHE.

I. Pierre Ier de Jarrige. — Il florissait au milieu du XVe siècle. On ignore son alliance. Il eut pour fils :

II. Anthoine de Jarrige, marié à Marie Bardon-de-Brun, tante du bienheureux Bernard Bardon-de-Brun, fondateur des Pénitents noirs à Limoges. De ce mariage :

1° Jehan, qui suit.

2° Pierre, Viguier de Saint-Yrieix (1563-1574), né le 1er mars 1529, décédé le 25 mars 1574. Marié le 16 décembre 1558 à Françoise du Breuilh; a laissé sur les événements de son temps le Journal historique qui précède. — De son mariage il a laissé Pardoux, né le 26 janvier 1561, qui a continué le Journal de son père; marié le 6 mai 1582 à Françoise Garreau, fille de Jean, seigneur de La Bachellerie, et de Anne de Sanzillon La Foucaudie. De ce mariage, un fils : Anthoine, chanoine du chapitre de Saint-Yrieix, décédé le 21 novembre 1656.

3° Anthoine de Jarrige, chanoine du chapitre le 2 mai 1562, décédé le 26 avril 1584.

III. Jehan Ier de Jarrige, marié à Marie de Beaune. De ce mariage, Pierre qui suit, né le 10 décembre 1558, tenu sur les fonts du baptême par son oncle le Viguier et Hélise de Jarrige, femme de Pierre de Lafon, secrétaire du chapitre de Saint-Yrieix.

IV. Pierre II de Jarrige, seigneur de La Morelie et La Guyonie, président trésorier général de France dès avant 1591, Viguier de Saint-Yrieix avant 1601, gouverneur pour le roi de la même ville, suivant commission et lettres du duc d'Épernon en date des 22 mars 1614 et 16 octobre 1615. — Il reçut des lettres de noblesse pour lui et ses descendants pour avoir, durant les troubles, maintenu la ville de Limoges sous l'obéissance du roi Henri IV (1), et aussi la ville de Saint-Yrieix, comme nous l'avons vu page 87. — De son mariage avec Catherine de Chouly de Permanglo, fille d'Yrieix et de Marguerite de Gimel Paluel (2) :

1° Hélie, trésorier général de France à Limoges, sur démission de son père, maire et premier consul de la ville de Limoges en 1648. (Son nom et ses armes sont gravés sur le plan de la ville de Limoges dressé par Rochefort et qui lui est dédié.) — Sa postérité masculine s'éteignit dans la personne de ses deux petites-filles : l'aînée, Marie-Marguerite de Jarrige de La Morelie, mariée en 1668 à haut et puissant seigneur Anthoine de Lasteyrie, marquis du Saillant (3), vicomte de Comborn, baron de Vergy et d'Ussac, coseigneur de la ville d'Alassac, grand sénéchal du haut et bas Limousin (4) ; la cadette, Fran-

(1) Généalogie de la famille de Jarrige de La Morelie. (Cabinet du Saint-Esprit, Bibl. imp.) — Certificats d'Anne de Levis, comte de La Voulte, gouverneur du Limousin, des 5 janvier 1590, 26 octobre 1591. — Autre certificat de M. de Pierre-Buffière, baron de Chamberet, du 1er juin 1594. — Le roi Henri IV lui donna le 12 juin 1599 un passeport daté de Blois pour son retour en Limousin *pour les affaires et services de Sa Majesté*. — Lesdits certificats, comme ceux du duc d'Épernon, visés par d'Hozier dans ladite généalogie.

(2) Chouly-Permangle : D'azur à la fasce d'argent, accompagné en chef de trois lys d'argent au naturel et en pointe d'une fleur de lys d'or. — La maison de Chouly-Permangle a fourni deux lieutenants généraux des armées du roi. — Le blason des Gimel figure à la salle des Croisades à Versailles.

(3) Lasteyrie du Saillant : De sable à un aigle éployé d'or, écartelé d'argent au lambel de 3 pendants de gueules.

(4) De ce mariage descendent les marquis du Saillant et le comte Ferdinand de Lasteyrie, membre de l'Institut. — Le blason des Lasteyrie est également à Versailles.

çoise, au marquis de Paysac (1), dont la fille unique épousa, le 14 septembre 1739, Jean-Georges de La Roche-Aymon (2).

2° Jean, qui suit.

3° Paul, doyen du chapitre de Saint-Yrieix en 1651. — Son nom est inscrit comme parrain sur la grosse cloche de Saint-Yrieix, fondue en 1656.

4° Louis, marié à Jeanne de Tessières (3).

5° Pierre, colonel de cavalerie au service de Savoie; fut donné à Christine de France, fille d'Henri IV, quand cette princesse alla régner sur la Savoie: gentilhomme ordinaire de cette princesse et breveté d'une pension de 3,000 livres.

6° Marguerite, femme d'Antoine de Tessières, seigneur de La Cour et de Beaulieu.

7° Françoise, femme de Pierre Pagnon de Lascoulx.

V. Jean II de Jarrige de La Morelie, Viguier de Saint-Yrieix (le troisième de son nom) le 26 mars 1615, sur démission de son père. — Marié à Galianne des Raynes, fille de Marc et de Barbe de Pérusse des Cars (4). De ce mariage :

1° Marc, qui suit.

2° Louis, qui a formé la branche des Biards.

3° Hélie, doyen du chapitre de Saint-Yrieix. (C'est le second revêtu de cette dignité.)

4° Paul, aussi chanoine du même chapitre.

VI. Marc Ier de Jarrige de La Morelie, Viguier de Saint-Yrieix le 19 avril 1652 (le quatrième de sa famille). — Épousa le 27 avril 1654 Nicole de Joussineau de Fayat (5). De ce mariage:

1° Hélie, qui suit.

2° Pardoux, religieux de l'ordre de Saint-François, mort définiteur général de l'ordre, en odeur de sainteté.

3° Pierre, chanoine de Saint-Yrieix.

---

(1) Paysac : De gueules coupé à une tour d'argent maçonnée de sable; aux 2 et 3 une croix d'argent cantonnée de quatre fleurs de lys de même.

(2) Il appartenait à la grande maison de Laroche-Aymon. — Le blason de cette famille porte : De sable semé de trèfles d'or, au lion de même, armé et lampassé de gueules. Il figure également à Versailles.

(3) Tessières : Losangé d'or et de gueules.

(4) Pérusse des Cars : De gueules à un pal vairé.

(5) Joussineau : De gueules au chef d'or. — La famille Joussineau a fait ses preuves de cour (avant 1400) pour monter dans les carrosses du roi.

VII. Helie de Jarrige de La Morelie, Viguier de Saint-Yrieix (le cinquième de son nom), maire perpetuel de la même ville. — Marié le 12 novembre 1682 à Petronille-Grégoire de Roulhac (1). De ce mariage :

1° Hélie, dit le chevalier de La Guyonie, mousquetaire du roi, tué à la bataille de Ramillie en 1701.
2° Jean, qui suit.

VIII. Jean III de Jarrige de La Morelie, Viguier de Saint-Yrieix (le sixième de son nom) avant 1720. — Epousa le 30 mai 1708 Claude de Chastagnat (2). De ce mariage : Charles-Joseph, qui suit :

IX. Charles-Joseph de Jarrige de La Morelie, seigneur de Puyredon. — Epousa le 7 juillet 1732 Luce de Coux du Chastenet (3). De ce mariage :

1° Jean-Baptiste, qui suit.
2° Pierre, appelé l'abbé de Puyredon (4), né le 17 avril 1737, docteur en théologie de la faculté d'Angers, élu le 19 janvier 1767 doyen du chapitre de Saint-Yrieix (le troisième de sa famille revêtu de cette dignité), mort sur les pontons de Rochefort, comme prêtre insermenté, le 10 août 1794.

X. Jean-N.-Baptiste de Jarrige de La Morelie, chevau-léger de la garde du roi, chevalier de Saint-Louis en 1764. — Marié à Madelaine Sarlandie. D'où :

Marie-Louise, agréée par le roi en 1782 pour la maison royale de Saint-Cyr, après ses preuves de noblesse faites devant Cherin. (Cabinet du Saint-Esprit, Bibl. imp.)

---

(1) Roulhac : D'azur à une fasce d'or, accompagnée en chef d'un croissant d'argent et en pointe de trois étoiles de même, 2 et 1.

(2) Chastagnat : Écartelé en sautoir d'or et d'azur, à une croix d'hermines portant sur le tout.

(3) Coux du Chastenet : D'argent à trois fasces de sinople, à une bande de gueules brochant sur le tout.

(4) L'abbé de La Morelie-Puyredon, à l'assemblée provinciale du Limousin en 1787, fut nommé procureur syndic de la noblesse et du clergé. Il faut lire sa mort sublime dans le livre de l'abbé Labiche. Quatre des chanoines de son chapitre, deux de ses cousins, portant le même nom que lui, périrent également sur la rade de l'île d'Aix.

DEUXIÈME BRANCHE.

Seigneurs des Biards, Salagnac, comtes et marquis de La Morelie.

VI. Louis de Jarrige de La Morelie, institué héritier universel par sa mère Galianne des Raynes, titrée dans son testament de *Mademoiselle la Viguière* (1). (Arch. imp., dossier des Jarrige de La Morelie.) — Épousa le 28 janvier 1665 Suzanne Goudinet, fille de Pardoux, docteur en médecine, médecin ordinaire de la reine Anne d'Autriche, et de Paule Pagnon de Lascoulx. D'où :

1° Marc, appelé le prieur de La Morelie, prieur de Saint-Laurent, chanoine et théologal du chapitre de Saint-Yrieix, puis de Toul en Lorraine, curé de Moulins en Bourbonnais.
2° Pardoux, qui suit.
3° Louis, lieutenant de cavalerie au régiment de Roussillon, chevalier de Saint-Louis.
4° Pardoux, lieutenant au régiment d'Anjou, tué à la bataille de Chiari, 1701.

VII. Pardoux de Jarrige de La Morelie, seigneur des Biards, capitaine en pied d'une compagnie d'infanterie au régiment de La Serre, 2 décembre 1688. — Assiste aux batailles de Staffarde, de Nerwinde, et aux siéges de Bonn, Nice, Coni, Namur et Charleroi. Son nom est inscrit comme parrain sur la grosse cloche de Saint-Yrieix, fondue en 1712. — Épousa le 21 février 1694 Catherine de Villoutreix (2), fille de Jean, seigneur de La Garde, conseiller du roi et son élu en l'élection de Limoges, et de Marie de Mousnier. De ce mariage :

1° Marc, qui suit.
2° Louis, mousquetaire du roi.
3° Madelaine, mariée à Jean de Magnac de Neuville. De ce mariage : l'abbé de Magnac, abbé prévôt de Cassel.

---

(1) Autrefois le titre de *dame* n'était accordé qu'aux femmes des chevaliers; on n'était appelée que demoiselle, quoique mariée, fût-on titrée. On cite comme exemple une princesse de La Trémouille et une comtesse de Penthièvre, restées veuves de bonne heure et avant que leurs maris eussent été revêtus de l'ordre de chevalerie. On en voit deux autres exemples encore plus palpables par les inscriptions des cloches de Saint-Yrieix (voir p. 85) : Marguerite de Joussineau, en 1656, est appelée *damoiselle* du Puy-de-Bettes, et, en 1712, Gabrielle de Chabrignat est appelée *dame* de La Seignie.

(2) Villoutreix : D'azur à un chevron d'or accompagné en chef de deux étoiles de même et en pointe d'un croissant soutenu d'une rose de même.

VIII. Marc II de Jarrige de La Morelie des Biards. — Marié : 1° le 28 janvier 1732 à Jeanne de Brachet (1); 2° le 18 mai 1740 à Gilette-Marie de Pradel de La Maze (2). Du second mariage :

1° Charles Pardoux, appelé le comte de La Morelie, marié en 1781 à Marie-Louise-Joséphine du Crozet (3), fille du comte du Crozet de Cumignat et de Louise-Charlotte de Barentin-Montchal. De ce mariage : Charles-Giles-Noël-Nicolas, marquis de La Morelie, auditeur au Conseil d'État en 1811, successivement sous-préfet de Limoges, préfet de l'Orne et de l'Allier, chevalier de Saint-Louis, officier de la Légion d'honneur, décédé à Paris le 30 juillet 1850, ne laissant qu'une fille de son mariage avec Louise d'Arthenay : Nathalie, mariée, sans enfants.
2° Yrieix, mort curé-archiprêtre de la ville de Saint-Yrieix.
3° Barthélemy, religieux de Cluny, mort avec son cousin sur les pontons de Rochefort.
4° Annet, garde du corps, troisième compagnie, chevalier de Saint-Louis, 1791. Mort sans avoir été marié.
5° Marie, mariée le 15 décembre 1772, dans la chapelle du château des Biards, à Pierre de Bourdineau, seigneur haut justicier de Viellecourt; desquels postérité.
6° Jean-Baptiste, qui suit.
Et un grand nombre d'autres enfants, morts sans postérité.

IX. Jean-Baptiste de Jarrige de La Morelie (4), reçu en 1770, après ses preuves, à l'École royale militaire (Bibl. imp., cabinet du Saint-Esprit); lieutenant de vaisseau le 1er décembre 1788; chevalier de Saint-Louis et capitaine de frégate; fit partie avec le corps royal de la marine de la fatale expédition de Quiberon, d'où il s'échappa par miracle, au moment d'être fusillé. — Marié durant l'émigration, à Londres, le 29 juillet 1800, à Hélène-Simonne-Josèphe de Butron Muxica, baronne de La Torre, fille de André-Maximilien-Joseph Butron Muxica, baron de La Torre, seigneur d'Obies en France et de Mont-sur-Marchienne aux Pays-Bas, et de Marie-

---

(1) Brachet : D'azur à deux chiens braques d'argent passant l'un sur l'autre, écartelé d'azur à un lion d'or armé et lampassé de gueules. Son écusson figure à Versailles.

(2) Pradel : De sable à trois barres ondées d'argent.

(3) Du Crozet : D'azur à la bande d'argent chargée de trois roses de gueules. Cette maison a fourni en 1491 deux chanoines comtes de Brioude. *(Nob. d'Auvergne.)*

(4) Né au château des Biards le 10 septembre 1762; eut pour parrain haut et puissant seigneur Jean-Baptiste de Lasteyrie du Saillant, vicomte de Comborn, son cousin, et marraine Anne-Marie de Villoutreix.

Joséphine-Eugénie-Simonne de Monaldi. De ce mariage : Eugénie-Charlotte, qui suit.

X. Eugénie-Charlotte de Jarrige de La Morelie des Biards, née à Londres le 10 juin 1801. — Mariée à Auguste-Léonard-Bonhomme de Montégut, son cousin germain (1), après les dispenses de Rome, le 8 novembre 1826. — Trois enfants de ce mariage :

1° Charles-Auguste-Henri, avocat à la cour de Paris.
2° André-Louis-Henri, entré dans la magistrature en 1859.
3° Hélène-Augustine-Charlotte.

II.

Mort de l'abbé Pierre de Jarrige de La Morelie Puyredon, dernier abbé doyen de Saint-Yrieix (10 août 1794) (2).

PUYREDON (Pierre de Jarrige de La Morelie de), doyen du chapitre de Saint-Yrieix, diocèse de Limoges, professeur émérite de théologie au collége de cette dernière ville, âgé de cinquante-huit ans, déporté de la Haute-Vienne, mort le 10 août 1794; enterré à l'île d'Aix.

Ce vénérable et digne prêtre était un homme aimable, d'une taille avantageuse et d'un port majestueux. Il était surtout homme à talent et à grand caractère. Après avoir paru avec éclat dans la célèbre [illegible]ersité d'Angers, il professa la théologie avec un grand succès au collége de Limoges; il en fut ôté pour être placé à la tête du vénérable chapitre de Saint-Yrieix, qui, remarquable dans tous les temps par le mérite distingué de ses membres et par la dignité avec laquelle se célébrait l'office divin dans sa magnifique église (3), est surtout illustre dans la dernière persécution par l'union admirable des chanoines qui le composaient dans les mêmes principes et le même courage à défendre, aux dépens de leur vie, la foi de nos pères. L'abbé de Puyredon eût pu mieux que personne être associé au gouverne-

(1) Fils de Hélie, juge d'instruction à Nontron (1814-1844), et de Marie-Anne de Bourdineau de Viellecourt; petit-fils de Pierre et de Marie de Jarrige de La Morelie des Biards.

(2) Extrait de la *Relation détaillée de ce qu'ont souffert pour la religion les prêtres détenus en* 1794 *et* 1795, *pour refus de serment, à bord des vaisseaux* Les Deux-Associés *et* Le Washington, *dans la rade de l'île d'Aix*, par l'abbé Labiche de Reignefort. (Paris, Leclerc, 1801, page 188.)

(3) Nadaud *(Nob. du Limousin, généalogie des Chapelle-Jumilhac)* rapporte qu'à l'enterrement de François Chapelle, le 13 février 1610, il y avait quarante prêtres et la musique du chapitre de Saint-Yrieix.

ment d'un diocèse; mais, extrêmement modeste par caractère, il se borna à maintenir la ferveur et la régularité dans son chapitre et à faire fleurir la religion dans la ville qui lui avait donné le jour, plus encore par la force de ses exemples que par l'ascendant que lui donnaient sa place et ses qualités personnelles. Il vécut trop peu connu, mais singulièrement aimé et respecté d'un petit nombre d'amis choisis et d'une nombreuse famille dont il faisait les délices, et qui se sont montrés dignes de l'apprécier par les larmes qu'ils lui ont données et les regrets amers que sa mort leur laisse. Il avait donné un grand exemple en se laissant conduire en prison à Limoges, au milieu des huées et des imprécations d'un peuple égaré, à la tête de ses chanoines que sa sainte intrépidité rendait invincibles. Son courage se maintint constamment à la même hauteur durant tout le temps de sa détention sur les vaisseaux, mais il parut prendre un nouveau degré d'énergie à ses derniers moments. Ce fut alors qu'avec un accent et un ton de voix qui semblèrent avoir quelque chose de surnaturel dans un moribond, il fit à ses confrères et au capitaine lui-même, que la curiosité avait attiré auprès de cet intrépide déporté, un discours plein de force et de magnanimité chrétienne, qui électrisa toutes les âmes, et que n'oublieront de longtemps ceux qui eurent le bonheur de l'entendre. Il mourut le jour même, ayant été tellement froissé dans le trajet du vaisseau à l'hôpital, que les matelots ne daignèrent pas même le descendre dans cette fatale barque. Ils le laissèrent exposé sur le pont à toute l'ardeur du brûlant soleil du mois d'août, jusqu'à ce qu'il eût rendu le dernier soupir.

Les abbés Joseph Paignon de Chantegraud, Jean-François de Jarrige de La Morelie du Breuil, Pierre-Yrieix Labrouhe de La Borderie, Jean-Baptiste Bonhomme de Forestier, chanoines du chapitre de Saint-Yrieix, partagèrent la captivité de leur vénérable doyen et périrent avec lui sur les pontons. Il faut y ajouter encore Barthélemy de Jarrige de La Morelie des Biards, religieux de Cluny de l'ancienne observance, et l'abbé Florent du Montet de Cardaillac, aumônier de Monsieur, frère de Louis XVI.

III.

Manuscrits et Livres consultés.

1° *Maintenue de noblesse du Limousin*, *1666*. (Mss. des Bibl. de l'Arsenal et du Louvre, à Paris.)

2° Liasse de parchemins contenant vingt-cinq pièces, contrats de mariage, d'acquisition, etc., des seigneurs de cette famille. (Archives impériales à Paris.)

3° *Armorial universel de France*, dressé en 1698, par ordre de Louis XIV. (Déposé aux manuscrits, Bibl. imp., à Paris.)

4° *Généalogie de la maison de Jarrige de La Morelie*, par d'Hozier et Cherin. (Cabinet du Saint-Esprit, mss., Bibl. imp.)

5° *Preuves de noblesse*, faites par Marie-Louise de Jarrige de La Morelie de Puyredon pour entrer dans la maison royale de Saint-Cyr, 1782. (Bibl. imp., cabinet du Saint-Esprit.)

6° *Preuves de noblesse*, faites par messire Jean-Baptiste de Jarrige de La Morelie des Biards pour entrer à l'École royale militaire. (Bibl. imp., cabinet du Saint-Esprit.)

7° *Nobiliaire du Limousin*, par Nadaud.

8° *Biographie de l'abbé Pierre de Jarrige de La Morelie de Puyredon*, par l'abbé Labiche de Reignefort.

9° Enfin tous les nobiliaires de France, et notamment les procès-verbaux pour la nomination des députés aux États généraux de 1789.

L'on voit encore le blason de cette famille au château de La Morelie, paroisse de Paysac (Dordogne); au château des Biards, paroisse de Glandon, arrondissement de Saint-Yrieix (Haute-Vienne); au château de Puyredon, près Saint-Yrieix; au château de Montluc, aussi près Saint-Yrieix; enfin sur la porte fortifiée (les machicoulis existent encore) de l'hôtel de La Morelie, à Saint-Yrieix, en face la grande église du Moustier :

D'azur au chevron d'or, sommé d'une croisette de même, accompagné en tête de deux palmes d'argent, et en pointe d'une tour d'argent maçonnée de sable.

Devise : *Tota mea in fide virtus.*

Supports : *deux sauvages.* — Les seigneurs des Biards ne portent pas de palmes et ont des *anges* au lieu de sauvages pour supports.

INDEX

INDEX

NOMS D'HOMMES ET DE LIEUX

Mentionnés dans les Journaux de Pierre
et de Pardoux de Jarrige.

L.

M.

N.

FIN DE L'INDEX.

ERRATA ET ADDITAMENTA

BATAILLE DE JARNAC.

Page 14, note 1. — Ajouter ces mots : « Ou plustôt la colline qui domine Châteauneuf, dont les coteaux de Moulidars sont le prolongement. »

Même page, note 3. — Nous avons voulu de nouveau voir par nous-même le champ de bataille de Jarnac. Tavannes et Davila à la main, contrôlés par Pierre de Jarrige, nous avons suivi les mouvements des deux armées dans ce combat fameux. L'on y reconnaît trois parties distinctes, du reste bien saisies et racontées par Jarrige : passage de la Charente, la nuit ; surprise des avant-postes des protestants ; les catholiques suivent un chemin étroit que l'on voit encore entre Vibrac et Tourteron, dont l'entrée eût été facilement rendue inexpugnable par Condé sans la surprise du matin. Premier engagement général sur un petit ruisseau qui va se jeter dans la Charente et court parallèlement à la Guirlande, autre ruisseau. Les protestants battus reculent jusqu'à un étang (appelé improprement *lac* par plusieurs historiens), derrière lequel ils s'abritent ; à cet instant Condé ne pouvait être attaqué que sur ses deux ailes, son centre étant défendu sur toute la longueur de l'étang. C'est ce qui explique la manœuvre du régiment de reistres occupant la chaussée de l'étang (elle est encore parfaitement visible, et le champ situé au-dessous porte le nom significatif de *la Bonde*), tout prêt à prendre l'ennemi en flanc et à tourner son aile droite. Le duc d'Anjou ayant fait tourner l'autre côté de l'étang, l'aile gauche à son tour était entamée et Condé se trouvait ainsi pris entre deux feux.

C'est ce que la situation des lieux explique parfaitement. Autant il est difficile, dans les grandes batailles modernes, où les armées occupent parfois plusieurs kilomètres de terrain, de reconnaître un champ de bataille, autant ici il est facile de se rendre compte de l'ancien état de choses. Au pied du coteau se voit encore la pyramide quadrangulaire (et non triangulaire) élevée à Condé. Elle n'est nullement en ruines. Ce qui nous l'avait fait supposer tout d'abord, c'est qu'un mur de soutènement, destiné à retenir les terres du coteau, est en partie ruiné. Des plaques commémoratives de l'événement ont depuis longtemps disparu.

TOMBE DU CAPITAINE MASSEZ.

Page 51, note 3. — Dans l'église de Saint-Pierre du Queiroy, et non dans la cathédrale, se voyait la sépulture d'Aymery de Massez, placée contre la colonne la plus proche du maître-autel, à main droite. Sur une lame de cuivre on lisait l'épitaphe suivante :

L'an mil cinq cens soixante-neuf le jour
Vingt-sixiesme de juing (ô quel domage)
Feu Mérigou de Massez pieux et sage
Vola d'ici au celeste sejour !
Requiescat in pace !

MORT DU DUC DES DEUX-PONTS.

Page 53, note 1. — Le récit de Pierre de Jarrige est confirmé en ces termes par Le Frère, dans son *Histoire des troubles et guerres civiles* : « Le duc des Deux-Ponts mourut à Nexon où la fièvre le prit, après avoir tant bu pour se défaire de la fièvre quarte, que ce remède qu'on lui avait dit être excellent pour en guérir bientôt, et pour lequel il n'avait point du tout d'aversion, la lui fit perdre avec la vie. Ses parents et amis firent embaumer son corps, le conduisirent à Angoulême et l'y gardèrent jusqu'à ce que le reste de ceux qu'il avait amenés retournassent en leur pays. »

Nous savons par la lettre d'Henri IV que ce ne fut que deux ans plus tard que l'on renonça à ce mode de transport pour adopter la voie de mer.

Un poète de ce temps prononça de cette sorte l'oraison funèbre du prince allemand :

Pons superavit aquas, superarunt pocula Pontem ;
Febre tremens periit, qui timor orbis erat.

Le portrait de ce personnage (ancêtre direct de la maison actuellement régnante en Bavière) se voit dans la galerie du musée d'Heidelberg, avec cette inscription :

Wolgangus, dux Bipontinus, nat. 1526, mort. 1569.

Au-dessous était gravé l'écusson aux armes du défunt, entouré du collier de l'ordre de Saint-Michel : *d'or à deux vaches de gueules, accornées, colletées et clarinées d'azur*. Ce sont les armes de l'illustre maison de Béarn, dont la maison de Béon-Massez prétendait être une branche.

ÉGLISE DE SAINT-YRIEIX.

Page 86, note 1. — Si l'on veut juger des proportions de la belle église de Saint-Yrieix, que l'on en compare les dimensions avec celles des plus beaux édifices de ce genre que nous possédons en France. Ainsi, d'après Violét-le-Duc, la nef de la cathédrale de Reims a 12 mètres 50 de largeur; celle de Notre-Dame de Paris, 13 mètres; Amiens, 14 mètres; Chartres, 16 mètres; Saint-Yrieix, 19 mètres (mesure prise, il est vrai, à l'*extérieur* des murs, non compris les contreforts).

D'après un renseignement, dont nous ne garantissons pas l'authenticité (*Guide-Joanne*, Loire et Centre), la nef, le chœur et les transepts auraient été bâtis en vingt-sept mois, du 17 mai 1181 au 25 août 1183.

Page 113.

TROISIÈME BRANCHE.

Seigneurs de Masvieux, Laumosnerie, Le Breuil, etc.

VII. Jean de Jarrige de La Morelie, fils du second mariage de Marc avec Catherine Gondinet, épouse Jeanne des Bordes, fille de Pierre, seigneur du Murat, et de Catherine de Lambertye, dont Léonard qui suit.

VIII. Léonard de Jarrige de La Morelie épouse Jeanne du Burguet, dont Henri qui suit.

IX. Henri de Jarrige de La Morelie épouse, le 2 septembre 1748, Élizabeth d'Abzac, fille de Jean, seigneur de Masvieux, et de Madeleine de La Porte, dont Léonard qui suit.

X. Léonard de Jarrige de La Morelie, chevau-léger de la garde du roi, épouse Louise de Lavergne de Marginier, dont une fille.

XI. Marie-Madeleine-Élizabeth de Jarrige de La Morelie épouse, le 10 frimaire an XI (1803), Jean-Baptiste Tenant de La Tour, garde du corps, bibliothécaire du roi au château de Compiègne, ancien chef du personnel à l'administration des postes, dont

XII. 1° Jean-Charles-Marie, procureur impérial à Saint-Yrieix, épouse, le 24 avril 1832, Catherine-Aimée de Magnac de Neuville;

2° Antoine-Louis, secrétaire des commandements de S. A. R. duc de Montpensier, auteur de diverses poésies; a le premier [illegible]duit les *Prisons* de Silvio Pellico.

www.ingramcontent.com/pod-product-compliance
Ingram Content Group UK Ltd.
Pitfield, Milton Keynes, MK11 3LW, UK
UKHW021116220726
13924UKWH00004B/1749